제암리를 아십니까

〈일제강점기〉 관련 역사동화, 함께 읽어 보세요!

마사코의 질문 손연자 역사동화집
제암리를 아십니까 장경선 장편 역사동화
모래시계가 된 위안부 할머니 이규희 장편 역사동화
날아라 태극기 강정님 역사동화
우토로의 희망 노래 최은영 장편 역사동화

책 읽는 가족 24
제암리를 아십니까

초판 1쇄 2007년 3월 10일
초판 6쇄 2018년 7월 30일

지은이 장경선 | **그린이** 류충렬 | **펴낸이** 신형건
펴낸곳 (주)푸른책들 | **등록** 제321-2008-00155호
주소 서울특별시 서초구 양재천로7길 16 푸르니빌딩 (우)06754
전화 02-581-0334~5 | **팩스** 02-582-0648
홈페이지 www.prooni.com | **이메일** prooni@prooni.com
카페 cafe.naver.com/prbm | **블로그** blog.naver.com/proonibook

글 ⓒ 장경선, 2007 | 그림 ⓒ 류충렬, 2007

ISBN 978-89-5798-101-6   74810

＊잘못된 책은 구입한 곳에서 바꾸어 드립니다.
＊이 책 내용의 일부 또는 전부를 재사용하려면 반드시 저작권자와
(주)푸른책들 양측의 서면 동의를 얻어야 합니다.

> 이 도서의 국립중앙도서관 출판시도서목록(CIP)은 서지정보유통지원시스템 홈페이지(http://seoji.nl.go.kr)와
> 국가자료공동목록시스템(http://www.nl.go.kr/kolisnet)에서 이용하실 수 있습니다.
> (CIP제어번호: CIP2007000451)

(주)푸른책들은 도서 판매 수익금의 일부를 초록우산 어린이재단에 기부하여
어린이들을 위한 사랑 나눔에 동참합니다.

제암리를 아십니까

장경선 장편 역사동화 | **류충렬** 그림

푸른책들

■ 지은이의 말

가슴으로 읽는 역사 이야기

　우리 친구들은 어떤 과목을 가장 좋아하나요? 저는 중학교 때 '국사(國史)'를 가장 좋아했어요. 제가 우리 나라 역사를 좋아하게 된 건 순전히 선생님 때문이었지요.
　그 선생님의 수업 방식은 아주 독특했어요. 먼저, 배울 내용을 칠판 가득 적어요. 그러고 나서 칠판에 적은 '시험용 공부'는 아주 간단히 설명하고, '진짜 역사'를 들려 주셨지요. 하지만 그 때 전 선생님 말씀을 이해하기엔 너무 어렸어요. 선생님 말씀을 가슴으로 느낄 수 있게 된 건 아주 많은 시간이 지난 뒤였지요. 그러고도 더 많은 시간이 지난 뒤에야 내 가슴 속에 담겨 있던 이야기는 『제암리를 아십니까』가 되어 세상 밖으로 나오게 되었어요.
　『제암리를 아십니까』의 시대적 배경은 일제 강점기예요. 일제는 '대한 독립 만세'를 불렀다는 이유로 제암리 교회에 사람들을 가둬 놓고 불을 지르고, 그들을 총과 칼로 죽였어요. 살려 달라는 아기마저도 칼로 죽이고, 불타는 교회에서 간신히 빠져 나온 사람들을 총으로 죽였어요. 그러고도 모자라 일본 군인들은 불타는 제암리 교회 앞에서 술을 마시며 노래를 부르고 춤을 추었지요.
　우리 나라 국민이라면 당연히 알아야 할 '제암리 사건'을 우린 왜 잘 모를

까요? 지나간 일보다는 오늘이 더 중요하기 때문일까요? 하지만 오늘을 만들어 낸 건 하나뿐인 목숨을 걸고 나라를 지킨 사람들이 있었기 때문이에요.

그런데 우리 나라 역사를 찬찬히 들여다보면 참 이해할 수 없는 부분이 많아요. 우리가 당연히 알아야 할 이야기(진실)는 꼭꼭 숨어 있다는 거예요. 오늘을 사는 우리는 부끄러운 역사든 자랑스러운 역사든 제대로 알아야 하는데 말이에요. 역사를 통해 우리는 옳고 그름을 배우고, 똑같은 실수가 되풀이 되는 걸 막을 수 있으니까요.

이제 전 알 것 같아요. 그토록 열정적으로 진실을 이야기하려던 선생님 마음을요. 그래서 제게도 작은 바람이 생겼어요. 우리 친구들이 이 책 『제암리를 아십니까』를 눈이 아니라 마음으로 읽었으면 참 좋겠어요. 그러면 '진짜 역사'가 우리 친구들 가슴으로 찾아올 거예요.

2007년 봄
장 경 선

차례

닭싸움 • 9
제암리 교회 • 26
주머니칼 • 45
쌀밥과 미역국 • 61
조센징과 쪽바리 • 73
미꾸라지 사냥 • 84
끄나풀 • 99
의심은 의심을 낳고 • 112
비밀 쪽지 • 124
피 흘리는 태극기 • 138
불타는 제암리 교회 • 157
메아리 • 175

지은이의 말 _ 4
책 읽는 가족 여러분에게 _ 188

닭싸움

그 애가 없다. 언제나 할아버지 옆에 서서 싸움닭 '바위'를 안고 있던 그 애가 없다.

'저번 장날에도 그 애를 못 봤는데…….'

나카무라가 처음으로 그 애를 만난 건 입춘이 막 지난 장날, 이 곳 닭싸움터에서였다. 귀밑에서 찰랑거리는 단발머리, 가만히 있어도 놀란 듯한 커다란 눈, 웃을 때마다 생기는 보조개. 그 날 이후로 나카무라는 장날마다 이 곳 닭 싸움터로 달려왔다.

'어디 아픈가?'

그 애네 할아버지는 바위에게 미꾸라지를 던져 주며, 턱수염이 덥수룩하게 자란 남자와 이야기를 나누고 있었다. 마음 같아서는 그 애가 왜 오지 않았는지 당장이라도 그 애네 할아버지에게 묻고 싶었지만 참

아야 했다. 아버지가 저렇게 버티고 있는 한 단 한 발짝도 움직일 수 없는 게 현실이니까.

닭싸움이라면, '독립군' 잡는 일 말고는 아무리 급한 일이라도 내팽개치는 아버지가 오늘도 일찌감치 자리를 잡고 있었다. 며칠째 시위 주동자를 잡느라 집에 들어오지 못한 아버지 얼굴에는 피곤함이 덕지덕지 붙어 있었다. 아버지는 군인이나 헌병은 아니지만 항상 훈장이 치렁치렁 달려 있는 군복을 입고 다녔다.

군인 출신인 아버지는 발안 지역의 일본인 회장을 맡고 있다. 사람들은 조선인들에게 도둑질을 당하거나 습격을 당하면 주재소로 신고하기보다 먼저 아버지를 찾아왔다. 발안 주재소 소장까지 아버지에게만은 굽실거렸다.

아버지는 조선인들이 많이 모인 곳에 나카무라를 얼씬도 못 하게 했다. 조선인들은 일본인 앞에서는 네, 네 하지만 돌아서면 가슴 밑바닥에 고인 침까지 캭 뱉는다는 것이었다. 아버지를 그림자처럼 쫓아다니는 순사보 조희창, 쌍칼은 절대 안 그럴 테지만.

'만약 내가 발안 정미소 주인인 사사까 아들이라는 사실을 그 애가 안다면…….'

나카무라는 이 생각을 떨쳐 버리려고 머리를 세게 흔들었다.

대일본제국을 떠나 1년이 지난 뒤, 아버지는 발안에 정미소를 차렸다. 간척한 땅에서 많은 쌀과 곡식을 거둬들인 아버지는 금세 부자가 될 수 있었다.

그로부터 얼마 지나지 않아 조선 왕인 고종이 죽었고, 1919년 3월 1일 고종의 장례식을 맞아 전국 곳곳에서 크고 작은 시위가 들끓었다. 발안에서 그리 멀지 않은 제암리, 수촌리, 고주리, 사강리 등지에서도 끊임없이 시위가 일어났다.

지난번 장날에는 발안 가까이 사는 조선인 천여 명이 '대한 독립 만세'를 불렀다. 그러고는 동무인 야마구찌네 집과 여러 곳에 돌을 던지고, 학교에 불을 질렀다. 나카무라네는 아버지가 발 빠르게 움직여 일본인 농장이 있는 삼괴 바닷가로 무사히 피신할 수 있었다. 그래서 나카무라네 정미소와 집은 큰 피해를 입지 않았다. 그러나 야마구찌네 아버지는 발안 장터에서 그리 멀지 않은 동네인 사강리에서 시위를 벌이던 조선인 손에 죽고 말았다. 나중에 들은 얘기로는 조선인 서너 명이 죽고 나서야 간신히 시위가 진압되었다고 한다.

사흘 전에는 조선인들이 독립 만세를 부르며 면사무소로 몰려가 건물을 파괴했다. 진압에 나선 경찰을 죽이고, 주재소에 불을 질렀다. 그 일은 수촌리에 사는 천도교 전도사 백낙열과 기독교 전도사 김교철이 꾸민 일이라고 쌍칼이 말해 주었다. 오늘 새벽, 그 둘을 잡느라 아버지는 경찰과 군인들을 데리고 수촌리를 급습한 것이다.

나카무라는 이 모든 일을 도저히 이해할 수가 없었다. 나라를 맡아 달라고 떠넘길 때는 언제고, 이제 와서 나라를 되찾겠다며 시위를 하다니…….

생각이 여기까지 미치자, 어제 어머니 심부름 때문에 가 본 주재소 광경이 떠올랐다. 어슴푸레 어둠이 내릴 무렵, 나카무라는 계속 집에 들어오지 못하는 아버지에게 갈아 입을 옷을 갖다 주려고 주재소로 갔다.

주재소 마당 여기저기에는 조선인들이 피를 흘리며 신음하고 있었다. 군인들이 휘두르는 채찍에 붉은 살점이 묻어났다. 군홧발에 걷어차여 피를 토하던 한 조선인 남자는 끝내 고개를 떨어뜨렸다. 죽은 모양인지 꼼짝도 하지 않았다. 나카무라는 혹시나 하는 마음에 가까이 다가갔다가 핏발이 서고 부릅뜬 조선인 남자의 눈과 마주쳤다. 너무 놀란 나카무라는 황급히 주재소 안으로 뛰어들어갔다.

주재소 안에서는 의자에 죽은 듯 앉아 있는 조선인의 등을 쌍칼이 시뻘겋게 달군 인두로 지지고 있었다. 팔짱을 낀 채 앉아 있던 아버지가 쌍칼이 들고 있던 인두를 빼앗아 들었다.

"조센징……."

"으아아악!"

"말해! 주동자가 누구냐?"

지지직 지지직, 희뿌연 연기 속에 살 타는 냄새가 주재소 안을 가득 메웠다.

"나 혼자서 했……."

"말하라니까! 말해!"

아버지는 이를 으드득거리며 또다시 조선인의 허벅지에 인두를 갖다 댔다.

"으으윽……."

나카무라는 아버지 옷을 내동댕이치고 그 곳에서 도망쳐 나왔다. 조선인을 인두로 지지던 아버지가 마치 악마처럼 느껴졌다. 아버지 같은 사람은 절대 되지 않으리라. 그 날 밤 나카무라는 이불에 오줌을 싸고 말았다.

그 날의 기억을 지워 버리려고 나카무라는 고개를 세차게 흔들었다.

"꼬꼬댁! 꼬꼬꼬!"

닭싸움이 시작되려는지 사람들이 구름처럼 모여 들었다. 장터는 온통 떠들썩했지만 그 애가 없으니 닭싸움 구경조차 시들해지고 말았다.

'기다려 봐. 그 애는 널 만나러 꼭 올 거야.'

마음 한 구석에서 누군가가 속삭였다.

나카무라는 혹시나 하는 마음에, 그 애를 찾으려고 해묵은 나무 둘레며 사람들 사이사이까지 찬찬히 훑었다. 오늘도 변함없이 장터 곳곳에는 경찰과 군인들이 보초를 서고 있었다. 대일본제국에 반항하는 세력을 티끌만큼도 남기지 않겠다는 듯 그들의 눈에서는 불꽃이 이글이글 타올랐다.

의자에 앉아 있던 아버지가 손을 번쩍 치켜들었다. 아버지 옆에 서서 연방 허리를 굽실거리던 쌍칼이 군홧발을 쭉 뻗으며 한 걸음 앞으로 나섰다.

쌍칼은 본래 조선 사람이다. 쌍칼이라는 이름은 위로 치켜 올라간 눈 아래 난 칼자국 때문에 붙은 별명이었다. 툭 불거져 나온 광대뼈와 오뚝하게 솟은 코, 꼭 다문 입술과 칼날처럼 뾰족한 턱이 쌍칼이라는 별명과 썩 잘 어울렸다. 나카무라와 같은 반 동무인 마쓰이 역시 눈 밑에 칼자국만 없을 뿐이지 아버지인 쌍칼을 빼다 박았다. 그러나 아버지에게 갖은 아부를 다 떠는 쌍칼과 달리 마쓰이는 꼭 필요한 말 외에는 하지 않았고, 요란한 몸짓 따위는 더더욱 없었다.

마쓰이는 매일 아침 나카무라네 집으로 와 함께 학교에 가고, 끝나면 함께 집으로 돌아왔다. 싫다고 해도 나카무라의 가방을 빼앗다시피 해 들고 앞장을 섰다. 마쓰이는 말하지 않았지만 그건 분명히 쌍칼이 시킨 일일 것이다.

"뱁새가 황새 따라오려면 가랑이가 찢어질걸. 하하하!"

동무들은 마쓰이가 없을 때마다 이렇게 비웃었다. 조선인이 아무리 발버둥 쳐 봐야 대일본제국의 신민은 될 수 없다는 뜻이었다.

조선인 동무들조차 마쓰이를 따돌리는 눈치였다. 마치 박쥐처럼. 하지만 마쓰이는 이쪽저쪽의 비웃음 따위는 아랑곳하지 않고 날마다 나카무라의 가방을 들고 다녔다. 나카무라는 그런 마쓰이가 가여워 마쓰이를 진심으로 대했다.

　오늘 나카무라는 그림자 같은 마쓰이를 간신히 따돌리고 닭 싸움터로 곧장 왔다.

　"시작해!"

　쌍칼의 명령이 떨어지자, 그 애네 할아버지가 싸움닭 바위를 가운데로 던져 넣었다.

　"꼬끼오!"

　청록빛 목털이 곧추 선 바위가 상대편 닭을 향해 목청을 돋우었다. 바위는 몸 전체가 검은 깃털로 덮여 있고, 얼굴과 가슴이 유난히 붉다. 여느 싸움닭과는 달리 몸집이 작고 다리도 짧다. 하지만 근동에서 바위를 이길 닭은 없었다. 아버지 역시 그 사실을 알고 있는 터라 바위가 싸우는 날에는 미리 와서 자리를 잡았다.

　목 깃털을 빳빳하게 세운 상대편 닭이 부리를 깐죽거리며 바위를 위협했다. 바위는 부리를 땅바닥에다 쓱쓱 문지르며, 덩치만 좀 컸지 별 볼일 없는 상대편 닭을 매섭게 째려보았다.

　심판의 구호에 맞춰 드디어 닭싸움이 시작되었다.

　"꼬끼오!"

　바위와 상대편 닭이 서로 노려보며 빙글빙글 돌았다. 둘 다 섣불리 공격하지 않고 지루할 만큼 서로 관찰하고 있었다. 잠시 멈추는가 싶더니, 두 마리 닭이 동시에 공중으로 휙 날아올랐다. 푸드덕, 흙먼지와 함께 깃털이 사방으로 어지럽게 흩날렸다. 바위의 짧은 볏이 찢어지고, 상대편 닭 목덜미에서는 피가 흘렀다.

　피를 본 상대편 닭이 날카로운 부리로 바위 목덜미를 쪼려고 달려들었다. 바위가 잽싸게 몸을 피했다. 그러고는 바짝 약이 오른 상대편 닭을 매섭게 노려보며 맴돌다가 걸음을 조금, 조금씩 빨리했다. 마치 얼음판 위에서 도는 팽이 같았다. 드디어 바위의 장기인 뺑뺑이가 시작된 것이다. 뺑뺑이는 상대편 닭 주변을 돌며 정신을 어지럽게 한 뒤, 단 한 번에 공격하는 기술이다.

　아버지가 자리에서 벌떡 일어났다. 꿀꺽, 나카무라처럼 마른침을 삼키는지 목젖이 꿈틀거렸다.

　"지금이야, 공격해!"

　쌍칼이 마치 바위 주인인 양 앙칼지게 소리를 질렀다.

　바로 그 순간 바위가 엄발로 상대편 닭을 냅다 후려쳤다. 정확히 얻어맞은 상대편 닭은 비틀거리더니 땅바닥에 머리를 박았다. 꾸르륵 꾸르륵, 소리를 내며 날개를 파르르 떨었다.

　"바위, 승!"

　심판이 오른팔을 번쩍 치켜들며 고함을 질렀다.

　그 애네 할아버지는 바위 볏에 난 피를 닦아 주고 부리를 벌려 찬물을 먹였다. 벌겋게 달아오른 바위의 몸을 식혀주었다.

　"계속 싸우게 해!"

"하지만……."

"상대편 닭이 죽을 때까지 싸워라!"

심판의 말허리를 싹둑 자르며 아버지가 명령을 내렸다.

"그러는 법은 없지요."

바위를 안은 그 애네 할아버지가 앞으로 걸어 나오며 아버지 말을 받아쳤다.

"위대하신 사사까 대장님의 명령이시다. 계속 싸우게 해!"

쌍칼이 그 애네 할아버지 앞으로 한 발 나서며 외쳤다.

"우리는 모두 하늘처럼 귀하고 귀한 사람입니다. 닭 목숨도 사람 목숨처럼 소중하지요."

"이놈의 영감탱이, 천도곤가 뭔가 하는 동학쟁이라더니…… 죽으려고 환장했어?"

쌍칼의 눈초리가 쭉 치켜 올라가더니 당장이라도 칼을 빼어 들 것처럼 칼자루를 움켜쥐었다.

"우린 모두 하늘님의 귀한 자손이지요. 높은 사람 낮은 사람이 따로 없고, 살아 있는 목숨은 사람이든 짐승이든 모두 소중한 법이지요. 싸움닭의 엄발을 헝겊으로 싸매는 이유가 거기 있다는 걸 사사까 나리도 충분히 아시리라 믿습니다."

그 애네 할아버지가 바위의 엄발에 동여맨 헝겊을 천천히 풀며 대답했다.

싸움닭의 엄발은 네 발가락 뒤쪽에 있다. 일 년이 지나야 겨우 일, 이 센티미터 자랄까 말까하지만 작다고 우습게 봤다가는 큰코 다친다. 엄발로 한 대 잘못 맞으면 어지간한 닭은 그 자리에서 죽고 만다. 깃털이 뽑히고 피가 나도록 물어뜯어도 절대로 죽이지는 않는 게 닭싸움의 원칙이다. 그래서 엄발을 헝겊으로 동여매는 것이다.

"위대하신 사사까 대장님의 명령이 곧 법이다!"

쌍칼은 칼을 빼어 들고 우악살스러운 얼굴로 그 애네 할아버지를 쏘아보았다.

"어서 싸우게 해!"

"그럴 수 없다는 걸 희창이 자네가 더 잘 알 거 아닌가."

"이, 이놈의 영감탱이⋯⋯ 누구 보고 희, 희창이래!"

"희창이, 왜 내가 틀린 말 했나."

"그, 그 입 다물어!"

칼을 치켜든 쌍칼의 팔이 부들부들 떨렸다.

"좋다. 오늘은 이쯤 해 두지."

"사사까 대장님!"

아버지의 말에 쌍칼은 치켜든 칼을 슬그머니 내렸다.

"그러나 다음 번에는 내가 가지고 온 닭과 싸우는 거다. 그 때는 상대 닭이 죽을 때까지 싸워야 한다. 알겠나?"

분을 삭이지 못한 쌍칼이 그 애네 할아버지에게 왜 대답을 하지 않느

냐며 버럭 소리를 질렀다. 그 애네 할아버지 얼굴에는 대답 대신 고운 햇살 같은 웃음이 번졌다.

"왜 대답이 없지? 싫다면 당장 저 닭대가리를 비틀어 주지."

"그렇게 하지요, 사사까 나리."

"좋다. 다음 장날인 사월 오일, 이 곳에서 나와 겨루는 거다. 하하하, 으하하하하!"

아버지의 요란한 웃음소리가 채 끝나기도 전에 경찰 한 명이 새근발 딱거리며 뛰어왔다.

"사, 사사까 대장님! 크, 큰일 났습니다!"

"무슨 일이냐?"

"우체국이 불타고……."

"뭐야?"

"주재소도……."

"또?"

아버지가 칼을 빼어 들고 경찰들이 총을 쏘자, 사람들이 모두 흩어졌다. 닭 싸움터는 삽시간에 벌집을 쑤신 듯 웅성거렸다.

탕, 탕, 탕!

연이은 총성을 신호로 경찰과 군인들이 닭싸움을 구경하던 조선인들에게 무자비하게 채찍을 휘둘렀다. 조선인들은 비명을 지르며 사방으로 흩어졌다.

나카무라는 팽나무 밑에 납작 엎드린 채 눈을 질끈 감았다. 그리고는 옆에 있는 가마니를 뒤집어썼다. 학교 끝나는 대로 곧장 집으로 오라던 엄마 말을 듣지 않은 것이, 집까지 같이 가겠다던 마쓰이를 따돌린 것이 여간 후회스럽지 않았다.

'그 애가 오지 않은 게 천만다행이야.'

나카무라는 그 애의 커다란 눈을 떠올리며 중얼거렸다.

이내 주변이 잠잠해지자 나카무라는 눈을 떴다. 조선인은 물론이고 아버지도, 경찰과 군인들도 보이지 않았다. 나카무라는 벌떡 일어나 옷에 묻은 흙을 털고 집으로 걸음을 옮겼다.

집으로 가는 골목을 막 돌아설 때였다.

"마쓰이, 이놈의 자식!"

날카로운 쌍칼 목소리가 들렸다. 나카무라는 얼른 흙벽 뒤에 숨어서 지켜 보았다. 고개를 푹 숙인 마쓰이가 쌍칼 앞에 서 있었다.

"나카무라 도련님을 혼자 보내다니! 다치기라도 하면 어쩌려고 그래!"

"……."

"그림자처럼 따라다니라고 했잖아!"

"내가 나카무라 종이에요?"

"이 녀석이 감히……."

쌍칼이 주먹으로 마쓰이 머리를 퍽퍽 내리쳤다.

"다시 한 번 내 말을 어기면, 그 땐 각오해."

"……."

"당장 나카무라 도련님이 집에 무사히 도착했는지 알아 봐. 어서, 어서 가!"

쌍칼은 마쓰이 등을 무지막지하게 떠밀고는 급히 주재소 쪽으로 달려갔다.

마쓰이는 한참을 그대로 서 있었다. 불끈 움켜 쥔 주먹이 허벅지 위에서 부들부들 떨렸다. 나카무라는 쌍칼과 마쓰이가 겉모습은 물론이고 속마음까지 대일본제국의 정신이 깃들어 있다고 생각했는데, 지금 보니 마쓰이는 그 반대처럼 보였다.

쌍칼이 떠난 뒤에 땅만 내려다보고 있던 마쓰이는 나카무라네 집과 정반대 방향으로 걸음을 옮겼다. 나카무라는 마쓰이가 눈치채지 못하게 뒤를 밟았다.

쌀을 파는 가게를 지나고 옹기 따위를 파는 가게를 지나 비단을 파는 가게 앞에서 걸음을 멈춘 마쓰이는 벽 뒤에 숨어 가게 안을 기웃거렸다. 가게 앞 엿목판 둘레에는 거지 차림의 꼬마들이 쪼그리고 앉아 침을 꼴딱꼴딱 삼키고 있었다.

가게 안에서 같은 반 동무인 하나꼬가 헌 양재기를 들고 나왔다.

"아저씨, 많이 주세요."

하나꼬가 생글생글 웃으며 아저씨 앞으로 헌 양재기를 내밀었다. 나카무라는 하나꼬가 웃는 모습을 처음 보았다. 할아버지 옆에서 활짝 웃던 그 애처럼 화사한 웃음이었다.

귀밑까지 오는 단발머리인 그 애와 달리 하나꼬는 머리가 길었다. 하나꼬는 선생님의 질문에 답할 때를 빼고는 말하는 법이 거의 없었다. 간혹 창가에 서서 멍하니 밖을 내다볼 뿐 거의 대부분을 책상에 얼굴을 묻고 있었다. 그 애와 닮은 큰 눈망울에는 항상 눈물이 갈쌍거렸다. 그 애처럼 활짝 웃으면 예쁠 텐데, 한 번도 웃는 모습을 본 기억이 나지 않았다.

나카무라가 그 애를 좋아하는 이유를 꼽으라면, 아마 활짝 웃는 웃음이 첫 번째일 것이다. 그 애를 만나기 전까지 조선인 아이들은 웃지 않는 병에 걸린 줄 알았으니까.

"순이 왔구나? 무슨 엿 줄까?"

"깨엿하고 생강엿 주세요."

"오늘은 또 누구 주려고?"

"깨엿은 애네 나눠 주세요."

"순이 넌, 어쩜 이렇게 착하냐."

코 옆에 팥알만 한 검은 점이 있는 아저씨가 끌로 툭툭 깬 깨엿을 아이들에게 나눠 주었다.

'순이? 하나꼬의 조선 이름이 순이였구나. 그 애 이름은 뭘까?'

나카무라는 이런 생각을 하다 퍼뜩 마쓰이를 보았다. 마쓰이가 하나꼬를 보며 웃고 있었다.

'마쓰이는 하나꼬를 좋아하고 있구나.'

마쓰이 마음이 나카무라에게 고스란히 전해져 왔다. 좋아하지만 선뜻 나서지 못하는 마음이…….

제암리 교회

우체국은 혀를 날름거리는 뱀처럼 시커먼 연기를 내뿜으며 타오르고 있었다. 사람들이 부지런히 물을 끼얹고 있지만 불길이 쉽게 잡히지 않는 모양이었다. 다행히 주재소는 한 쪽 벽만 검게 그을렸을 뿐 멀쩡했다.

"이 자들이 불을 질렀나?"

주재소 앞에 선 아버지가 가마니 더미를 노려보며 소리를 질렀다.

"네."

"멍청한 놈!"

아버지는 군홧발로 쌍칼 다리를 걷어찼다. 가만히 서 있다 갑자기 일을 당한 쌍칼은 중심을 잃고 앞으로 고꾸라졌다. 아랫입술을 악다문 채 아픔을 참느라 양 볼이 씰룩거렸다. 아버지에게 쌍칼은 한낱 종에 불과

하다는 걸 나카무라도 잘 알고 있었다. 쌍칼은 조선인이니까.

그 때 누군가가 다가와 쌍칼을 일으켜 세우더니 귀에다 대고 속삭였다. 쌍칼이 아버지에게 다가와 귓속말을 했다. 그러고는 아버지와 쌍칼, 쌍칼을 일으켜 세운 남자가 주재소 마당으로 들어갔다. 나카무라도 무언가를 찾는 척하며 뒤따라 들어갔다.

"저놈은 누구냐?"

"제가 심어 놓은 끄나풀입니다요."

쌍칼이 얼른 대답했다.

"이름이 뭐냐?"

"김만복입니다요."

처음 보는 얼굴인데, 일본말이 어눌한 걸 보니 역시 조선 사람인 모양이었다.

"저자들에 대해 잘 안다고?"

"네, 저자들은 고주리 사는 놈들입니다요."

"고주리? 악질들만 산다는?"

"사실은 고주리보다 제암리에 악질들이 더 많이 삽니다요."

김만복이 쌍칼을 슬쩍 보며 대답했다. 나카무라 가슴이 철렁 내려앉았다.

"틀림없나?"

"트, 틀림없습니다요. 제암리 교회와 천도교의 우두머리들이 모여 모든 시위를 조종했습니다요."

김만복은 우두머리라는 말에 힘을 실어 대답했다.

"대장님께서도 잘 아는 안 영감이 천도교 최고 우두머리고요."

"안 영감?"

"그, 그게…… 싸움닭 바위 임자인……."

불꽃이 이글거리는 듯한 아버지 눈과 마주친 터라 김만복은 심하게 말을 더듬었다.

"사사까 대장님, 믿으셔도 됩니다. 안 영감이 최고 우두머리가 틀림없습니다."

쌍칼이 잽싸게 끼어들며 김만복에게 눈짓을 보냈다.

"사사까 대장님, 긴히 드릴 말씀이……."

김만복은 주변을 이리저리 둘러보며 말했다.

"뭔가?"

"그 동안 일어났던 일은 모두 그 안 영감이 지시를 내린 것입니다요."

"그 말에 책임질 수 있나?"

철퇴를 내리치는 듯한 아버지의 물음에 겁먹은 김만복이 믿어 달라는 듯 주먹 쥔 손을 다리 옆으로 착 붙이며 어금니를 꽉 깨물었다.

"제암리만 잘 감시하면 앞으로는 편안해질 겁니다."

쌍칼이 야릇한 웃음을 흘리며 말했다.

"안 그래도 우리 대일본제국 신민들이 조센징들 때문에 못 살겠다며 아우성이다. 제암리만 쓸어 버리면 진짜로 끝인가?"

"물론입니다요."

"아리타 중위님께서 아시기 전에 제암리를 쓸어 버릴 수 있겠나?"

"걱정 마십시오."

쌍칼과 김만복이 동시에 대답했다.

턱을 매만지며 천천히 고개를 끄덕이는 아버지 입가에 옅은 미소가 퍼졌다.

"저희 둘이 알아서 처리할 테니 조금만 기다려 주십시오."

"너희만 믿는다."

"네! 대일본제국 천황폐하 만세! 사사까 대장님 만세! 만세! 만세!"

쌍칼을 따라 김만복도 만세를 불렀다.

"이번 일만 잘 되면 아리타 중위님께 말씀드려 너희 둘 다 승진시켜 주겠다."

"감사합니다, 사사까 대장님."

나카무라는 벌렁벌렁 뛰는 가슴에 손을 얹고 주재소 마당을 나왔다. 그리고는 서둘러 집으로 달음질쳤다.

'그 애에게 알려야 해.'

나카무라는 능금나무 아래 서 있는 자전거 손잡이를 잡았다. 잦은 시위로 며칠째 마당 구석만 지키고 있던 자전거였다.

"나카무라, 훌륭한 군인이 되려면 체력을 길러야 한다."

발안 지역 일본인을 대표하는 회장으로 당선된 기념으로 아버지가 사 준 선물이었다. 물론 총이나 칼을 옆구리에 차고 다니는 군인은 절대 되지 않겠다던 결심은 지금도 변함이 없다. 아버지 앞에서 이런 생각을 말로 표현한 적은 없었다. 아버지에게 말했다간 결과가 뻔했기 때문이다.

자전거 페달을 밟자 드르륵 하는 소리와 함께 체인이 풀려 버렸다. 마치 자기와 놀아 주지 않았다고 심통 부리는 것처럼. 땅에 떨어진 나뭇가지를 주워 체인을 끼우는데 가지가 툭 부러졌다. 마음은 급한데 쓸 만한 게 눈에 띄지 않았다.

주머니를 뒤적거리자, 동무인 가와바다에게 받은 주머니칼이 잡혔다. 일본을 떠나올 때 단짝인 가와바다가 둘만의 영원한 우정을 약속하며 준 선물이었다. 칼 말고도 드라이버에 송곳, 병따개, 손톱깎이까지 다양한 도구들이 있어 여간 비싼 게 아니었다. 주머니칼을 보고 있으니 새삼스레 가와바다가 보고 싶어졌다.

"도련님?"

추억에 잠긴 나카무라를 깨운 건 쌍칼의 은근한 목소리였다. 쌍칼과 김만복이 서 있었다.

"아주 귀한 물건인가 봅니다."

마쓰이를 혼내던 험상궂은 모습과는 전혀 다른 얼굴을 한 쌍칼이 신기하다는 듯 주머니칼을 요리조리 살피며 말했다.

"우리 마쓰이가 도련님을 모시고 오지 않아 죄송했습니다."

"아니에요. 제가 일이 있어 먼저 가라고 그랬어요."

"그 무거운 책가방을 들고 오시게 했다니, 정말 죄송합니다. 다음부터는 절대 이런 일이 없도록 하겠습니다."

쌍칼이 깍듯이 고개를 숙이는 바람에 나카무라는 더 이상 아무 말도 못 했다.

"도련님, 자전거 체인이 벗겨졌네요. 제가 고쳐 드릴까요?"

김만복이 나카무라 옆으로 다가와 시커먼 기름투성이인 체인을 맨손으로 턱석 잡으며 말했다.

"앞으로 잘 부탁드립니다요, 헤헤헤."

웃음소리가 쌍칼과 닮았다. 얼떨결에 고개를 끄덕이며 찬찬히 보니, 주재소에서 한두 번 본 적이 있는 얼굴이었다. 쌍칼과 머리를 맞대고 중요한 얘기를 나누던, 눈과 눈 사이 한가운데에 곰보 자국이 선명한 얼굴.

"다 됐습니다. 타 보세요."

김만복이 페달을 돌리며 말했다.

"감사합니다."

"어이쿠, 도련님. 그런 말씀 마세요. 무슨 일이든 불러만 주십시오."

김만복은 코가 땅에 닿을 정도로 깍듯이 고개를 숙였다.

"혹시, 순이…… 아, 아니, 하나꼬를 아시는지요? 하나꼬가 제 딸년입니다요."

"하나꼬가 딸이라고요?"

쌍칼 조희창과 마쓰이, 김만복과 하나꼬. 비슷한 것 같으면서도 전혀 다른 느낌이 들었다.

"제 딸년이 어리숙해서요. 잘 부탁드립니다요."

"동무 아버지니까 아저씨라 부를게요."

"아저씨라니요. 어이쿠, 당치도 않습니다요."

"그런데…… 아저씨는 제암리를 잘 알아요?"

"제암리야, 쌍칼…… 아, 아니, 희창이 형님이나 제가 살다 왔으니 잘 알지요."

쌍칼 얼굴을 보며 김만복이 대답했다.

"제암리는 왜요?"

"교회에 가고 싶어서요."

"그 곳은 좀……. 희창이 형님, 어떻게 하죠?"

김만복은 몹시 난처한 듯 쌍칼에게 물었다.

"사사까 대장님께서 아시면 불벼락이 떨어집니다요. 제암리는 천도학쟁이와 예수쟁이들이 똘똘 뭉쳐 독립군처럼 나쁜 수작을 부리는 곳이라 아주 위험해요."

"가고 싶어요. 꼭 가고 싶어요."

나카무라는 어금니를 앙다문 채 쌍칼에게 떼를 썼다.

"도련님, 이러시면 안 됩니다요."

"그러면 아버지한테 나쁘게 얘기할 거예요."

나카무라는 쌍칼을 노려보며 어깃장을 놓았다.

"그럼 교회에만 잠깐 갔다 오셔야 합니다요. 오늘 있었던 일은 저희 셋만 아는 비밀이고요."

"약속할게요."

나카무라는 새끼손가락을 거는 시늉을 하며 말했다.

"만약, 제암리에서 절 보시더라도 아는 체하지 마세요."

김만복은 나카무라에게 제암리 가는 길을 조곤조곤 일러 주며 당부했다.

"왜요?"

"그건 나중에 알려 드릴 테니, 절대 아는 체하시면 안 됩니다요."

"왜 그래야 해요?"

"꼭 그렇게 하셔야 합니다요. 제암리 사람들은 대일본제국을 아주 싫어합니다요. 그래서 도련님도 교회에 가지 못하게 하는 겁니다요. 잘 아셨지요?"

"알았어요."

나카무라는 고개를 끄덕이고는 얼른 자전거에 올라 페달을 밟았다.

개구리가 땅 위로 튀어나온다는 경칩, 춘분이 지났는데도 볕이 들지 않는 구석에는 맵싸한 바람이 자리를 잡고 있었다. 그래도 자연의 법칙만은 거스를 수 없는 법. 하루가 다르게 봄기운이 사방으로 뻗치더니, 가늘게 뻗은 나뭇가지에는 여린 새순이 돋아나고, 냉이며 쑥이 머리를 내밀었다. 머리에 수건을 두른 어른과 아이들이 밭두둑에 쪼그리고 앉아 나물을 캐고 있었다.

신작로는 발안 장터와 사뭇 다른 풍경이었다. 장을 보고 집으로 돌아가는 사람들이 잰걸음을 치고 있었다.

"이랴!"

소달구지에는 한 무리의 사람들이 타고 있었다. 바위가 담긴 다래끼를 안고 있는 그 애네 할아버지가 얼른 눈에 들어왔다.

'소달구지만 쫓아가면 그 애를 만날 수 있겠다.'

나카무라는 소달구지와 멀리 떨어지지 않게 거리를 두고 자전거 페달을 밟았다. 먹빛 마고자 첫 단추까지 내려온 그 애 할아버지의 허연 수염이 바람에 날렸다. 무슨 생각을 하고 있는지 지그시 눈을 감고 있는 모습이 마치 신선처럼 느껴졌다.

"사사깐지 사기꾼인지, 갑자기 닭싸움은 왜 하자는 걸까요?"

"또 무슨 꿍꿍이를 꾸미는 건지……."

"그러고도 남을 놈이지. 오늘 하는 짓 좀 봐. 산 목숨을 죽이라니……."

"그러니까 남의 땅에 쳐들어와 총을 탕탕 쏘며 파리 죽이듯 사람을 죽여 대지. 에잇, 퉤!"

나카무라는 자기를 향해 침을 뱉는 것 같아 순간적으로 자라목이 되었다.

"사사까도 나쁘지만 조희창 고놈이 더 나빠. 어디 할 짓이 없어서 쪽바리 앞잡이 노릇이나 하고 난리야."

"덕칠 아부지 말이 맞아요. 쭉 찢어진 눈을 희번덕거리면서 잡아먹을 듯이 대드는 거 봐요. 한 대 콱 쥐어박았으면 좋겠더라고요."

머리에 수건을 두른 아주머니가 주먹질을 해 댔다.

"어르신, 다음 번 싸움에는 바위 엄발에다 헝겊을 두르지 마세요."

"음…….."

그 애네 할아버지가 수염을 쓸어 내리며 헛기침을 했다.

"사사까는 틀림없이 엄발 그대로 내 보낼 거라고요."

"그러고도 남을 놈이지요."

밀짚모자를 눌러 쓰고 고삐를 잡은 소 주인이 거들었다.

"그래도 원칙은 지켜야지."

"그러다 바위가…….."

"그럴 일은 없을 테니 걱정 말게나."

"죽일 놈들. 퉤퉤퉤!"

주먹 쥔 손을 부르르 떨며 소 주인이 침을 뱉었다.

"쌀이란 쌀은 사사까 고놈이 거저 가져가다시피 했어요. 이렇게 살

바에야 지난번처럼 한 번 더 일어나야 해요."

"이래 죽으나 저래 죽으나 마찬가지지요, 뭐."

"죽일 놈의 쪽바리. 이랴!"

소 주인이 애꿎은 황소에게 성을 내자, 황소 목에 달린 방울 소리가 빨라졌다. 달구지가 점점 멀어져 갔다.

'죽일 놈의 쪽바리…….'

갑자기 몸 속 힘이 쭉 빠지는 바람에 나카무라는 중심을 잃고 넘어지고 말았다. 하마터면 논으로 빠질 뻔했다. 소달구지를 따라 잡으려고 급히 자전거를 세워 페달을 밟자 바퀴가 휙 돌아갔다. 또 체인이 빠졌다. 나카무라는 둔덕 아래에 자전거를 숨겨 놓고 달음질을 쳤다. 쪽바리라는 말이 입 속에서 뱅뱅 돌았다.

길모퉁이를 돌자 바로 제암리 교회가 나타났다.

노란 햇살만 모아 놓은 듯한 산수유꽃이 초가지붕인 교회를 빙 둘러 잔뜩 피어 있었다. 마당으로 들어가는 입구에는 몇 백 년 묵었는지 그 나이를 짐작할 수 없는 나무가 우뚝 서 있었다. 거무튀튀한 둥치에는 나카무라가 들어가 웅크려도 될 정도의 커다란 구멍이 나 있었다.

죽은 것 같은 둥치와는 달리 하늘까지 닿을 듯한 기세 좋은 나뭇가지마다 연둣빛 새순이 돋았고, 우듬지에는 새들이 둥지를 틀어 놓았다. 나뭇가지를 입에 문 까치 한 마리가 힘겹게 날갯짓을 하며 둥지를 향해 날아올랐다. 아마 겨우내 망가진 둥지를 새로 단장하는 모양이었다.

나카무라가 나무 뒤에 반쯤 몸을 숨긴 채 마당을 엿보는데, 한 무리의 아이들이 교회 문을 열고 나왔다. 아이들은 교회 마당을 가로질러 우르르 몰려나갔다.

나카무라는 얼른 나무 구멍 속으로 몸을 숨겼다. 누가 몰래 오줌이라도 쌌는지 지린내가 풀풀 나, 나카무라는 코를 감싸 쥔 채 입으로만 숨을 몰아쉬었다.

내 주머니 양반(한 냥 닷 돈) 중
길영수가 닷 돈 먹고
일진회가 닷 돈 먹고
쪽바리가 닷 돈 먹어
양반은 없소

아이들이 노래를 불렀다. 쪽바리라는 노랫말이 생선 가시가 되어 목 한가운데를 콕콕 찔렀다. 노랫소리가 뒷산 쪽으로 아득히 멀어지자 나카무라는 감았던 눈을 떴다. 휴우, 한숨을 내쉬는데 누가 어깨를 툭 쳤다.

"거기서 뭐 하니?"

눈 속에 푸른 보석을 넣고 있는 듯한 황금 머리카락의 서양인이 팔짱을 낀 채 웃고 있었다. 나무로 만든 십자가 목걸이를 길게 늘어뜨린 걸

제암리 교회 39

보니 외국인 선교사가 분명했다. 나카무라는 푸른 눈의 선교사를 뚫어져라 바라보았다.

"처음 보는 아이구나."

나카무라는 엉겁결에 꾸벅 인사를 했다.

"이름이 뭐니?"

"……."

나카무라는 대답 대신 아랫입술만 잘근잘근 씹었다. 자신이 일본인이라는 걸 알리고 싶지 않았다. 조금 전 아이들이 부른 노래 때문일까? 아니면 그 애가 알게 될까 봐? 나카무라는 대일본제국의 아들임을 떳떳하게 말하지 못하는 자신이 부끄러워 얼굴이 화끈 달아올랐다.

"말을 못 하는구나. 그럼, 들을 수는 있니?"

나카무라는 얼른 고개를 끄덕였다.

"아까 교회 창문으로 보니까 누굴 찾는 거 같던데. 찾는 아이가 없니?"

그 때, 교회 목사인 듯한 사람이 두 사람 곁으로 다가오며 물었다. 그 애 이름이라도 알아둘 걸, 하는 아쉬움이 파도처럼 밀려왔다. 소달구지를 놓친 일이 여간 후회되지 않았다.

"이 동네 아이는 아니고. 장터에서 왔구나?"

나카무라는 천천히 고개를 끄덕였다.

"뒷산으로 가 봐라. 요즘엔 애들이 거기서 살다시피 하니까."

"아이들이 왜 뒷산으로 갑니까?"

나카무라가 묻고 싶은 말을 외국인 선교사가 대신 물었다.

"보릿고개라…… 우리 같은 사람에게는 지금이 가장 배고픈 시기지요. 먹을 거라곤 산이나 들에서 나는 나물밖에 없거든요."

"불쌍해요. 조선 아이들 정말 불쌍합니다. 조선이 어서 부자가 되게 해 달라고 기도하겠습니다."

외국인 선교사는 어느새 눈을 감고, 두 손을 모아 기도를 했다.

"부자보다 독립이 우선이지요."

뒷산을 향해 발걸음을 떼던 나카무라는 '독립'이라는 말에 그만 우뚝 걸음을 멈추고 말았다.

"오, 안 목사. 그렇지 않습니다. 일본은 조선을 돕는 거예요."

"다른 건 몰라도 이것만은 언더우드 목사님이 틀렸습니다."

언더우드 목사가 두 손을 치켜든 채 어깨를 으쓱해 보였다.

"우린 왜놈에게 도와 달라고 부탁한 적 없습니다. 왜놈이 우리 나라를 강제로 빼앗은 거지요. 목사님이 사는 나라에서 왜놈이 대신 주인 노릇을 하겠다면 어쩌시겠습니까? 고맙다고 큰절이라도 올리시겠어요?"

언더우드 목사는 대답 대신 푸른 눈을 껌뻑이며 손끝으로 입술만 문질렀다.

"이 땅의 주인은 왜놈이 아니라 우리 조선 사람이지요."

"모든 걸 하느님께 맡겨야 하지 않을까요?"

"언더우드 목사님, 이런 얘기 들어보셨어요?"

안 목사는 서너 번 마른기침을 내뱉고 이야기를 시작했다.

"옛날, 아주 마음씨 착한 사람이 살고 있었어요. 마음씨 착한 사람은 너무 가난해서 산에서 나무를 해다 판 돈으로 겨우 끼니를 이을 수 있었지요. 그 날도 여느 날처럼 깊은 산 속으로 들어가 나무 한 짐을 해 지게에 지고 오는데, 집채만 한 호랑이를 만났지 뭡니까?"

"호랑이요?"

호랑이가 눈앞에 나타나기라도 한 듯 언더우드 목사 눈이 휘둥그레졌다. 나카무라 역시 안 목사의 얘기에 빠져들었다.

"호랑이가 날카로운 이빨을 드러내자 마음씨 착한 사람은 얼른 하느님께 기도를 올렸답니다. 하느님, 저를 죽음의 문턱에서 구해 주시옵소서. 그러자 호랑이도 얼른 눈을 감고 기도를 올렸답니다."

"뭐라고 했지요?"

언더우드 목사 못지않게 나카무라도 호랑이가 어떤 기도를 올렸을지 몹시 궁금했다.

"하느님, 오늘도 맛있는 음식을 내려 주셔서 대단히 감사합니다. 잘 먹겠습니다."

"하하하! 정말 웃겨요."

큰 소리로 웃는 언더우드 목사와 달리 안 목사의 얼굴은 딱딱한 돌처럼 굳어 있었다.

"언더우드 목사님은 하느님이 조선과 일본, 어느 나라 편을 들어 주셨으면 좋겠어요?"

안 목사가 진지한 얼굴로 물었다. 난처한 질문에 언더우드 목사는 고개를 갸웃거렸다.

"오늘도 왜놈 손에 수많은 조선인이 죽어가고 있습니다."

나카무라는 죽은 시체를 둘둘 만 가마니 더미가 떠올라 자기도 모르게 몸서리를 쳤다.

"그래도 일본이 애써 지은 건물을 불태우는 건 나쁜 일이에요."

언더우드 목사도 자신의 의견을 분명하게 말했다.

"우리가 할 수 있는 최선의 방법인걸요."

"무슨 일이든 대화로 풀어야지, 폭력은 나빠요."

"왜놈은 총칼로 이 나라를 짓밟고 있어요. 우리는 하나밖에 없는 목숨으로 그 총칼에 맞서고 있고요."

뒷산으로 눈길을 돌리던 안 목사는 나카무라가 아직도 가지 않은 걸 보고 웃으며 물었다.

"얘야, 너도 그렇게 생각하지?"

나카무라는 안 목사의 말을 듣지 못한 척 후다닥 뒷산으로 내달렸다.

'아니요, 아니요! 몰라요! 잘 모르겠어요!'

나카무라는 한 걸음 한 걸음 내디딜 때마다 마음 속으로 소리쳤다.

제암리 교회 43

머릿속에 든 생각들이 죄다 엉켜 버렸다. 단 하나 분명한 건 그 애를 만나면 절대 일본인이란 걸 말해서는 안 된다는 것이었다.
　'절대 말하면 안 돼. 알았지, 나카무라?'

주머니칼

　뒷산은 야트막하여 오르기에 힘들지 않았다. 산 끝자락과 연결된 밭에는 뭔지 알 수 없는 풀이 자라고 있었고, 그렇지 않은 밭은 황토빛 이랑이 만들어져 있었다.
　푸른 소나무 사이사이 진달래가 꽃망울을 터뜨렸다. 나카무라는 시장에서 진달래 화전을 사 먹은 기억이 떠올랐다. 꽃이 활짝 핀 화전은 예쁜 모양만큼이나 맛도 좋았다.
　진달래 꽃잎을 따먹었는지 입술이 시퍼레진 아이들이 커다란 봉분 위를 오르락내리락하고 있었다. 보통 봉분보다 서너 배는 더 커 보이는 봉분 두 개가 마치 쌍둥이처럼 나란히 누워 있었다. 아이들은 그 곳이 무섭지도 않은지 잡기 놀이에 열중이었다. 놀이에 끼지 못한 아이들은 무덤가에 앉아 목청껏 노래를 불렀다.

내 주머니 양반 중

길영수가 닷 돈 먹고

일진회가 닷 돈 먹고

쪽바리가 닷 돈 먹어

양반은 없소

그 곳에도 그 애는 없었다.

'넌 대일본제국의 아들이야. 어서 집으로 가, 당장!'

머릿속 생각과는 달리, 나카무라는 아이들 눈길이 닿지 않는 반대쪽으로 발길을 옮겼다. 엄마가 좋아하는 진달래 꽃잎이라도 따 갈 작정이었다. 엄마는 조선 것은 무조건 싫어하지만 진달래만은 유난히 좋아했다.

산모퉁이를 돌자, 풀어 헤친 머리처럼 허연 종이를 매단 초가집 한 채가 나타났다. 그 집 앞에도 진달래가 한 무더기 피어 있었다. 나카무라는 진달래 꽃잎을 따 입에 넣고 잘근잘근 씹었다. 꽃 맛, 화전을 먹을 때와는 다른 맛이었다. 분홍 물이 입 안 가득 고여 입을 벌리면 분홍 빛깔 말들이 쏟아져 나올 것 같았다. 진달래 꽃잎을 따서 입에 넣고, 또 따서 입에 넣고, 손에 시퍼런 물이 들도록 꽃잎을 따 먹었다.

나카무라는 문처럼 보이는 가마니를 들추고 초가집 안을 살펴봤다. 어두컴컴한 탓인지 으스스한 게 썩 좋은 느낌은 아니었다. 가로질러 놓은 나무에 가마니를 걸쳐 놓고, 초가집 안으로 들어가 주변을 찬찬히 둘러보았다. 어둠에 익숙해지자 커다란 가마처럼 생긴 곳에 종이로 만든 울긋불긋한 꽃이 매달려 있었다. 마치 살아 있는 꽃 같아 킁킁 냄새를 맡아 보았지만 아무 냄새도 나지 않았다. 종이꽃은 아주 얇아 진짜 꽃잎처럼 부드러웠다.

"거기, 누, 누구세요?"

나카무라는 문 쪽으로 다가가 밖을 살폈다.

"사, 사람이면 나오고 귀, 귀신이면 썩 물러가!"

그 애였다. 다래끼를 움켜쥔 그 애가 두려운 눈빛으로 나카무라 쪽을 바라보고 있었다. 나카무라는 천천히 밖으로 나가며 그 애를 보고 씩 웃었다.

"혹시 너, 닭싸움할 때?"

그 애의 물음에 나카무라는 고개를 끄덕였다.

"오늘 바위가 싸우는 거 봤니? 나도 가고 싶었는데 며칠 전에 우리 엄마가 아기를 낳았거든. 우리 바위가 이겼지?"

나카무라는 다시 고개를 끄덕였다.

"너 말 못 해?"

"……."

"멀쩡하게 생겼는데…… 안 됐다. 얘, 넌 거기가 어디라고 들어갔니?"

나카무라는 조금 전 자신이 나온 집 쪽을 돌아다보았다.

"저 안에 뭐가 들어 있는지 몰라? 하긴 알면 들어갈 생각도 못 했겠지."

혼잣말처럼 중얼거리는 그 애 얘기에 나카무라는 눈을 동그랗게 뜬 채 손가락으로 집을 가리켰다. 나카무라는 그 집이 뭐 하는 곳인지 정말 몰랐다.

"상여 알지? 죽은 사람 싣고 가는 상여? 상엿집이야. 저기, 귀신 산다."

귀신 얘기를 할 때, 그 애는 눈을 동그랗게 뜨고 나카무라에게 속삭였다. 나카무라는 그 애 앞으로 바투 다가갔다.

"상엿집도 상엿집이지만 이런 곳에 혼자 있으면 문둥이한테 잡혀가."

나카무라는 고개를 갸웃거리며 믿기지 않는다는 표정을 지었다.

"정말이야. 문둥이는 혼자 있는 사람만 보면 몰래 잡아가서 간을 빼먹는대. 산 사람 간을 먹으면 문둥병이 씻은 듯이 낫는다더라."

어떻게든 자신의 말을 믿게 하려는 듯 그 애는 눈을 똥그랗게 뜬 채 열심히 설명했다. 그 모습이 너무 귀여워 나카무라는 자기도 모르게 웃음이 나왔다.

"진짜야!"

그 애가 큰 소리를 내는 바람에 나카무라는 웃음을 감추기 위해 얼른 손으로 입을 가렸다. 그러고는 검지로 그 애를 가리켰다.

"내가 왜 혼자 왔냐고?"

나카무라는 고개를 끄덕였다.

"여긴 동무들이 오지 않으니까 나물이 많을 것 같아서. 우리 엄마가 남동생을 낳았는데 먹을 게 하나도 없어. 나물죽이라도 배불리 해 드리고 싶어서…… 잘 먹어야 아기에게 줄 젖도 잘 나오지."

엄마의 빈 젖을 빠느라 지친 동생이 앙앙대다 겨우 잠든 모습을 보고 나온 터라 연화는 마음 한 구석이 짠해 왔다. 기다리고 기다리던 남동생을 낳았는데도 엄마는 배가 아파 걷는 것은 물론이고, 일어설 수조차 없었다. 동생을 받았던 감나뭇집 작은할머니는 뱃속에 죽은 핏덩이가 뭉쳐 있기 때문이라고 했다. 이대로 두면 엄마 목숨이 위험하니까 그 피를 빨리 밖으로 쏟아 내야 한다며 혀를 쯧쯧 찼다.

엄마는 동생을 가졌을 때 제대로 먹지 못해 얼굴 가득 기미가 꼈고, 깡마른 몸에 배만 불룩 튀어나왔었다. 지금은 조금 먹는 것마저 동생이 젖으로 몽땅 빼앗아 가 광대뼈가 더 불거져 보였다.

'처음 만난 아이에게 마음 속 말을 털어놓다니, 내가 왜 이러지?'

연화는 당황해 그 아이의 얼굴을 바라보다 그만 눈이 딱 마주치고 말았다. 그 아이의 반짝이는 두 눈이 어서 엄마 얘기를 들려 달라고 조르는 것 같았다.

"엄마 몸 속에 있는 나쁜 피를 빨리 빼내지 않으면, 우리 엄마가……."

연화는 눈물이 나올 것 같아 더 이상 말을 잇지 못하고 그 자리에 주저앉았다. 아이도 연화 옆에 쪼그리고 앉았다.

"나물이 많네."

연화는 일부러 너스레를 떨었다. 상엿집 근처에 오기까지 무서워 몇 번을 망설였는데, 이런 곳에서 자기 또래를 만나니 반갑고, 안심이 되고, 그냥 고마웠다.

사람 발길이 잘 닿지 않는 곳에 몸에 좋은 약초가 있다는 얘기를 할아버지에게 들은 적이 있다. 연화는 나물 하나나 풀 한 포기를 건성건성 보지 않았다. 백 년, 아니 한 십 년 묵은 산삼이라도 캐기를 간절히 빌었다. 한편으로는 장에 간 할아버지와 아버지가 엄마 약을 꼭 지어 오게 해 달라고도 빌었다.

"입이 시퍼런 걸 보니 참꽃 따 먹었구나?"

'참꽃?'

처음 들어 보는 말인지 그 아이는 고개를 갸웃거렸다.

"원래 이름은 진달래지만 참꽃이라고 더 많이 불러."

그제야 아이는 진달래를 바라보며 고개를 끄덕였다.

"참꽃은 진짜 꽃이라는 뜻이야."

연화는 참꽃을 따 입에 넣고 오물오물 씹었다.

"참꽃은 색깔에 따라 이름도 다르다."

연화는 아이의 눈이 다시 반짝이는 걸 느낄 수 있었다.

"하얀 꽃이 피면 나라에 큰 일이 생긴다고 해서 흰달래, 연한 분홍이면 연달래, 알맞게 붉으면 진달래, 너무 진해 자줏빛이 나면 난초 빛 같다 해서 난달래."

아이의 작은 눈이 점점 커질수록 연화는 자기도 모르게 목소리에 힘이 실렸다. 그러다 아이의 똥그란 눈과 마주치자 얼굴에 활활 불이 붙은 것 같았다. 연화는 잠시 쉬었던 손을 바삐 움직였다. 나물죽일지라도 오늘만은 엄마가 배불리 먹을 수 있다는 생각에 마음 가득 기쁨이 차올랐다.

정신없이 나물을 캐는 연화 앞으로 아이가 풀을 쑥 내밀었다.

"이건······."

연화는 아이가 준 풀을 다래끼 한쪽에다 넣었다. 애써 캔 건데 버리면 실망할까 봐서였다.

"얘, 그렇게 어물대면 쑥이 쑤우욱 땅 속으로 들어가 버려. 나처럼 찬찬히 앉아서 캐야 쑥이 쑥쑥 나온다."

연화 말이 거짓말인 줄 알았는지 아이가 풋 하고 웃었다.

"정말이야. 그래서 이름도 쑥이잖아."

연화는 삐친 척하며 쑥을 뜯었다. 아이가 주머니에서 뭔가를 꺼내더니 연화 곁으로 바투 다가앉았다. 작고 귀여운 칼이었다. 연화는 그 칼이 신기해서 요리조리 살펴보았다. 할머니가 엄마에게 주었다는 은장도만 했다. 아이는 칼로 쑥이며 풀을 톡톡 잘랐다.

"정말 굉장하다!"

연화가 입까지 쩍 벌리며 신기해하자 신이 난 아이는 칼을 접어 넣고, 못처럼 생긴 것을 펼쳐 조이는 시늉을 해 보였다. 그것 말고도 다른 용도로 쓰이는 여러 가지 모양의 도구를 보여 주었다. 저 작은 것 속에 이렇게 많은 것들이 숨어 있다니, 연화는 깜짝 놀랐다.

아이가 연화 손바닥 위에 칼을 올려놓았다. 연화는 호미 대신 그 칼로 나물을 뜯었다. 쑥 뜯기에는 딱 좋은데, 뿌리째 캐야 하는 달래나 냉이는 호미가 더 나았다. 연화는 칼로 쑥 뿌리를 톡 잘라 보이며, 이렇게 뜯는 거라고 일러 주었다. 아이는 연화가 시키는 대로 쑥을 뜯었다. 금세 다래끼가 그득 찼다.

"그만 가자."

연화가 다래끼를 들고 일어서자, 아이는 얼른 다래끼를 빼앗아 자기 어깨에 메고 앞장서 걸었다.

"누가 보면 어쩌려고……."

자기 얘기를 듣는 둥 마는 둥 앞서 걸어가는 아이의 뒷모습을 보니 연화는 피식 웃음이 나왔다. 자꾸 웃음이 나오는 걸 손으로 틀어막았다. 혹시 동무들을 만나면 어쩌나 싶어 느릿느릿 걸었다. 다행히 동무들은 모두 집으로 돌아가고 없었다. 연화는 노란 꽃이 핀 산수유 가지를 꺾

었다.

"자, 선물."

연화는 산수유꽃 한 다발을 아이 앞으로 내밀었다.

"쑥 뜯어 줘서 고맙다고……."

아이는 산수유 꽃 속에 얼굴을 묻었다. 쿵쿵, 콧구멍을 벌렁거리는 아이 모습이 꿀을 찾는 벌 같아 또 피식 웃음이 나왔다.

뒷산을 다 내려올 때쯤 아이는 다래끼를 연화에게 주었다. 그러고는 주머니칼을 꺼내 연화에게 내밀었다.

"왜?"

"……."

"나 가지라고?"

"……."

"싫어. 내가 뭐 거지냐."

연화는 잰걸음으로 아이 앞을 휙 지나쳤다. 아이가 다래끼를 툭 치며 달음질을 쳤다. 저만치 뛰어가다 멈춰 선 아이가 연화를 향해 손을 흔들었다. 연화도 손을 흔들며 웃었다. 가슴이 자꾸 콩콩 뛰었다.

'어디 사는 누군지 물어 볼걸.'

연화는 그 아이가 사라진 길을 한참 동안 바라보았다. 그런 연화를 깨우려는 듯 바람이 우우, 몰려왔다. 종종걸음으로 부지런을 떨며 감나뭇집 작은할머니네 쪽으로 갔다. 나쁜 피를 몰아 내는 데 어떤 약초가

주머니칼 55

좋은지 물어 볼 참이었다. 감나뭇집 작은할머니는 연화네 집과 정반대인 마을 가장 안쪽에 살고 있었다.

"참꽃? 진짜 꽃?"

나카무라는 진달래를 참꽃이라고 부른다는 걸 처음 알았다. 진달래보다는 진짜 꽃, 참꽃이라는 이름이 훨씬 예쁘다는 생각을 했다. 나카무라는 잰걸음을 쳤다. 어둠이 사분사분 내려앉고 있었기 때문이다.

막 제암리 교회 앞을 지날 때였다. 한약 꾸러미와 보따리를 든 김만복과 어떤 아저씨가 웃는 얼굴로 이야기를 주고받으며 걸어오고 있었다. 나카무라는 얼른 담 뒤로 몸을 숨겼다. 김만복과 함께 있는 사람은 닭 싸움터에서 종종 봤던 그 애 아버지였다. 두 사람은 이내 골목으로 사라졌다.

나카무라는 달려가 골목을 두리번거렸지만 김만복과 그 애 아버지의 모습을 찾을 수 없었다. 그 애가 이 골목에 산다는 걸 알아낸 것만으로도 큰 수확이었다.

"그런데 무슨 일로 왔을까?"

나카무라는 감춰 둔 자전거를 꺼내며 곰곰이 생각해 보았지만 별다른 답이 떠오르지 않았다. 나카무라는 자전거를 끌며 자꾸 뒤를 돌아보았다. 나물죽이라도 배불리 드리고 싶다던 그 애의 목소리가 들리는 것 같았다. 조선인들은 넓은 평야를 가졌는데 왜 나물죽도 못 먹는 걸까?

논에서 난 곡식을 겨우내 다 먹어 버린 걸까? 아버지가 쌀을 다 가져갔다는 말은 또 뭘까? 머릿속을 가득 메우고 있던 의문들이 실에 꿴 구슬처럼 줄줄이 쏟아져 나왔다. 그러고 보니 장터에서 만난 조선인들은 하나같이 입가에 허연 마른버짐이 피어 있었고, 눈은 퀭하고, 볼은 쑥 들어가 있었다.

나카무라는 그 애만 생각하려고 머리를 세게 흔들었다.

'지금쯤이면 그 애가 다래끼에 넣어 둔 주머니칼을 발견했겠지.'

동무인 가와바다에게는 미안했지만, 주머니칼을 그 애에게 준 건 하나도 아깝지 않았다. 나카무라는 산수유꽃에 코끝을 갖다 대고 숨을 크게 들이켰다. 봄날 햇살 같은 따스함이 가슴 가득 차올랐다.

나카무라가 집에 도착했을 때는 장터에 어둠이 깔린 뒤였다. 대문 앞에서 서성거리던 엄마는 나카무라를 꼭 안으며, 나쁜 조센징에게 잡혀간 줄 알았다며 눈물을 글썽였다. 마쓰이가 달려와 나카무라 대신 자전거를 능금나무 아래에 세워 놓았다.

"마쓰이, 무슨 일이야?"

"할 말이 있어서······."

"내 방으로 가자."

마쓰이는 가방을 들어 주지 못한 걸 사과하러 온 게 분명했다. 이렇게까지 하지 않아도 되는데.

그 애가 준 산수유꽃을 꽃병에 꽂았다. 그 애의 고운 마음씨가 작고 노란 꽃잎 속에 알알이 박혀 있었다. 콩닥콩닥, 가슴이 뛰었다.

"제암리에서 꺾어 온 거니?"

"그걸 어떻게? 쌍칼이?"

"그렇게 부르지 마! 우리 아버지야."

마쓰이의 단호한 목소리에 나카무라는 깜짝 놀라 마쓰이를 바라보았다.

"걱정 마. 사사까 대장님껜 말하지 않을 테니까."

"마쓰이……."

"대장님이 무섭긴 무서운가 봐."

웃음기 하나 없는 마쓰이 얼굴이 낯선 아이를 보는 듯한 착각마저 들게 했다.

"대신 내 부탁 하나만 들어 줄래?"

"부탁?"

"내가 오늘 네 가방 안 들어 준 거 사과했다고 우리 아버지한테 말해 줘."

"그게 부탁이야? 이제부터 내 가방 들어 주지 않아도 돼."

"내일 아침에 올게."

마쓰이는 여전히 딱딱한 얼굴로 돌아서며 말했다.

"마쓰이, 그럴 필요 없어. 싫은 일 하지 않아도 돼."

"나도 그러고 싶은데, 해야 돼. 난 조센징이고, 넌 대일본제국의 아들이니까."

"그런 말이 어디 있어?"

"여기 있잖아."

불퉁스레 대답한 마쓰이가 나가려고 방문 손잡이를 잡았다.

"마쓰이, 너에게 물어 볼 게 있어."

"뭘?"

"조선 왕이 우리 나라한테 조선을 맡아 달라고 한 거 아니니?"

나카무라는 마쓰이를 빤히 바라보며 물었다.

"무슨 말이 듣고 싶은 건데?"

"참말."

"너라면 어쩔 건데?"

"빙빙 돌리지 말고 사실을 말해 줘."

"너라면 너희 나라를 우리에게 주겠냐고?"

"……빈정거리는 그 태도 마음에 안 들어. 하나꼬가 널 왜 싫어하는지 알아?"

"네가 뭘 안다고!"

비단을 파는 가게에서 몰래 하나꼬를 훔쳐 본 일을 말하려는데 눈을 부릅뜬 마쓰이가 버럭 소리를 지르고는 휙 나가 버렸다. 나카무라는 다리가 후들거려 책상 의자에 털썩 주저앉고 말았다. 노란 산수유 꽃잎이 와르르 흔들렸다.

'나카무라 녀석, 언제나 잘난 척이야.'

마쓰이는 발길이 닿는 대로 달렸다.

가쁜 숨을 몰아쉬며 도착한 곳은 하나꼬네 집 앞이었다.

"여기서 뭐 하는 거야?"

깜짝 놀라 돌아보니 하나꼬가 심부름을 다녀오는지 보따리를 안고 서 있었다.

"그, 그게……. 우리 아버지 여기 계신가 해서……."

"왜 니네 아버지를 우리 집에서 찾아? 가!"

하나꼬는 톡 쏘아붙이고는 집으로 들어가 버렸다.

쌀밥과 미역국

연화가 반쯤 열린 싸리문을 밀고 들어서자 마루 밑에서 하품하던 늙은 개가 컹컹 짖어 댔다.

"작은할머니!"

서너 번을 더 불렀는데도 장에 갔는지 대답이 없었다. 연화는 집으로 가려고 서둘렀다. 아기에게 젖을 빨리고 나면 배가 등에 붙는 엄마 저녁밥을 얼른 지어야 하기 때문이다. 달리다시피 해 교회 앞 나무까지 왔을 때, 머리에 보따리를 인 감나뭇집 작은할머니가 걸어오고 있었다.

"작은할머니, 장에 갔다 오세요?"

"오냐. 엄마는 좀 괜찮으시냐?"

"아직…….".

"그놈의 나쁜 피를 빨리 몰아 내야 하는데, 걱정이다."

작은할머니는 머리에 인 보따리를 나무 옆에 내려놓았다.

"안 그래도 그거 여쭤 보려고 작은할머니네 집에 갔다 오는 길이에요."

"어이쿠, 그랬냐? 나도 너희 집에 들를 참이었다."

"알아보셨어요?"

"작약 뿌리 달인 것도 좋고, 목이버섯도 좋다더라. 돈 안 들이고 할 수 있는 치료법이라는데, 맞는 건지는 잘 모르겠다."

"고맙습니다. 작은할머니, 고맙습니다."

연화는 작은할머니에게 인사하고 한달음에 집으로 왔다. 부랴부랴 사립문을 밀치며 들어서는데 한약 달이는 냄새가 물씬 났다.

"할아버지, 할아버지!"

뒤꼍으로 가 보니, 할아버지가 부채질을 하며 약을 달이고 있었다. 그 옆에 쪼그리고 앉은 연수와 연자는 왕사탕을 하나씩 쥐고 혀끝으로 살살 핥아 먹고 있었다.

"할아버지, 고마워요."

연화는 할아버지 등에 얼굴을 묻었다.

"이 약은 순이 아비가 직접 지어 온 거다. 방에 계시니까 가서 인사부터 드려라."

연화는 얼른 달려가 방문 앞에서 아버지를 불렀다. 막걸리를 마신 탓에 얼굴이 뻘겋게 달아오른 아저씨에게 연화는 두 손을 앞으로 모으고

깍듯이 인사를 했다. 연화와 순이처럼, 아버지와 아저씨도 실과 바늘처럼 단짝 동무로 컸다. 지금은 비록 순이네가 발안 장터로 이사 갔지만 여전히 두 분 사이는 변한 게 없었다.

"순이도 잘 있어요? 보고 싶은데……."

"하나…… 아니, 순이도 너 보고 싶다고 하더라. 언제 꼭 놀러 오라고 하던데."

제암리에 자주 놀러 오는 아저씨와는 달리 순이는 장터로 이사 간 뒤 발걸음을 뚝 끊어 버렸다. 연화는 장날 찾아가야지, 마음먹고도 정작 장날이 되면 어영부영 시간을 보내다 집에 와서야 발을 동동 구르며 속상해했다.

"아저씨가 엄마 한약을 지어 오셨다."

아버지는 아주 기분이 좋아 보였다.

"이 사람아, 동무지간에 그만한 일도 못 하는가."

"자네는 남에게 베풀기를 잘해서 장사도 잘 되는 모양이네."

"내가 뭘 도왔다고……."

아버지는 술잔에 반쯤 담긴 막걸리를 쭉 들이켰다.

"아, 참! 연화야, 쌀하고 고기랑 미역도 사 왔으니까 엄마 해 드려라."

"아저씨, 정말 고맙습니다."

연화는 다시 두 손을 모은 채 고개를 숙였다. 아저씨에게 고마움을 표현하고 싶은데 그저 고맙다는 말밖에 달리 생각나는 게 없었다.

"오늘은 연화가 해 주는 밥 좀 먹고 가야겠다."

"잠깐만 기다리세요. 제가 맛있게 해 드릴게요."

연화는 후다닥 부엌으로 갔다.

부뚜막에는 시뻘건 핏기가 그대로인 고기가 놓여 있었고, 쌀독에는 허연 쌀이 채워져 있었다. 꿈이 아닐까? 연화는 볼을 꼬집어 보았다. 아팠다. 쌀 몇 톨을 입에 넣고 오도독오도독 씹어 보았다. 고소한 게 입 안 가득 침이 고였다. 어느 결에 따라 들어온 연수와 연자도 쌀을 집어 먹었다.

연화는 아기 옆에 잠든 엄마 대신 저녁밥을 서둘렀다. 낮에 뜯은 쑥과 달래로 된장찌개를 끓이고, 고기를 썰어 넣은 미역국도 끓여야지. 연화는 마음이 바빠졌다. 다래끼를 거꾸로 들어 부뚜막에다 나물을 쏟았다.

툭, 그 아이의 주머니칼이 나물과 함께 떨어졌다. 언제 넣었을까?

"누나, 이게 뭐야?"

"아, 아무것도 아니야."

"아무것도 아니면 한 번 보여 줘."

기어이 연화 손에 있던 주머니칼을 빼앗아 든 연수가 암만 봐도 모르겠는지 연방 고개를 갸웃거렸다.

"아버지, 이것 좀 보세요."

주머니칼을 빼앗을 겨를도 없이 연수가 용수철처럼 부엌에서 뛰어나가 버렸다. 연화는 연수를 쫓아 부랴부랴 밖으로 나갔다. 하지만 주머니칼은 벌써 아버지 손에 들려 있었다.

"어디서 났냐?"

"누나 다래끼에서 나왔어요."

"연화 다래끼에서?"

아저씨가 더 놀란 얼굴로 연화를 바라보았다.

"왜, 아는 물건인가?"

"그건 아니고, 아는 사람 것하고 똑같아서…… 연화야, 이거 누가 준 거냐?"

"그, 그게…….''

짧은 순간이었지만 연화는 자기도 모르게 자꾸 말을 더듬었다. 숨을 크게 한 번 들이킨 연화는 뒷산 상엿집에서 만난 말 못 하는 아이 이야기를 했다. 비싼 물건 같아 받지 않았는데, 어느 틈에 다래끼에 담겨 있었다고.

"벙어리가 틀림없었니?"

"네."

아저씨는 뭔가 이상하다는 듯 턱을 받치고 있던 손으로 콧잔등을 문질렀다.

"다음에 만나면 꼭 돌려 주거라."

아버지에게 칼을 받아 든 연화는 얼른 부엌으로 돌아왔다. 꺼져 가는

쌀밥과 미역국 65

아궁이에 짚을 던져 넣고 입김을 불자 화르르 불이 일어났다. 그 바람에 연화 얼굴이 또 확 달아올랐다.

'언제 넣었을까?'

손을 흔들던 그 아이 얼굴이 떠올랐다. 연화는 입술 밖으로 웃음이 비집고 나오는 걸 꾹 참았다.

"어머, 내 정신 좀 봐."

연화는 마른 가지를 아궁이에 밀어 넣고, 쑥을 다듬고, 미역을 물에 빨았다. 마음은 어느새 쌀밥과 미역국을 맛있게 먹고 있는 엄마 모습으로 가득 찼다.

할아버지와 아버지, 아저씨의 밥상에는 된장찌개를 차려 따로 올리고, 개다리소반에는 밥과 국을 차려 방으로 들고 들어갔다. 동생들 눈이 커지고, 엄마 눈도 휘둥그레졌다. 연화는 엄마 앞으로 쌀밥과 미역국이 가도록 상을 놓았다.

"나도 쌀밥 줘."

"나도 쌀밥. 죽 싫어."

연수와 연자가 입술을 댓 발이나 내밀고 툴툴댔다.

"먹기 싫으면 굶어."

연화는 연수와 연자를 밀쳐 냈다.

"이리 와서 같이 먹자."

"엄마만 드세요."

"이 귀한 걸 나 혼자 어떻게 먹겠니. 어서 와서 같이 먹자."

연화는 달려드는 동생들 손을 탁 쳐냈다.

"왜 엄마만 쌀밥 줘."

"몰라서 물어?"

"몰라!"

"엄마가 죽으면 좋아?"

연화는 엄마 앞에서 울지 않으려고 아랫입술을 꽉 깨물었다.

"연화야, 엄마 안 죽어. 약 먹으면 내일이라도 당장 일어날 수 있으니까 걱정하지 마."

"그냥 드세요. 오늘만……."

"우리 다 같이 나눠 먹자."

엄마는 쌀밥을 떠 죽 그릇에 나눠 주고, 남은 밥을 미역국에 말았다. 동생들은 마파람에 게 눈 감추듯 맛있게 먹었다. 연화도 엄마가 준 밥을 꼭꼭 씹어 먹었다.

저녁상을 들고 나오는데, 할아버지가 달인 약을 짜고 있었다.

"오늘은 엄마하고 같이 자라."

"왜요?"

"순이 아비가 자고 간단다. 연화 네가 옆에서 엄마 간호 잘 해 줘라. 자, 약부터 갖다 주고."

연화는 할아버지가 건네는 약사발을 조심스럽게 받아들었다.

"할아버지는요?"

"난 마실 가서 자고 올 참이다."

"참, 바위는 다친 데 없어요?"

"오냐. 조선 팔도에 바위 따라올 닭이 있겠냐."

할아버지는 40년이 넘도록 싸움닭을 키웠지만, 바위처럼 야무진 닭은 처음이라며 살뜰히 보살폈다.

"볏을 조금 찢겼는데 괜찮다. 어쨌든 이래저래 우리 연화가 고생이구나."

연화는 할아버지 말에 눈물이 핑 돌아 부랴부랴 방으로 들어갔다. 엄마는 아기에게 젖을 빨리면서 배가 아픈지 아랫입술을 꽉 깨물고 있었다.

"엄마, 절대로 죽으면 안 돼요."

"엄마가 죽긴 왜 죽어."

"할아버지가 달인 약이에요. 어서 드세요."

"무슨 염치로 이런 약까지 다 먹고…… 순이 아버지께 잘 해라."

약사발을 받아든 엄마 손이 파르르 떨렸다. 엄마는 약을 다 마시고 어지럽다며 자리에 누웠다. 연화는 부지런히 설거지를 하고 난 뒤 방으로 들어와 엄마 옆에 누웠다. 엄마에게서 고소한 냄새가 났다. 엄마 냄새를 맡으며 연화는 잠이 들었다.

"으으으, 연화야!"

꿈 속일까? 비명이 들리고, 누가 자꾸 팔을 잡아당겼다. 그 아이 같기도 하고…….

"아악! 배, 배가…….."

잠에서 깨 보니 엄마가 아랫배를 움켜쥔 채 데굴데굴 구르고 있었다. 엄마는 이불에다 시커먼 핏덩이를 퍽석 쏟아 냈다. 엄마가 죽을지도 모른다는 생각에 연화는 아버지를 부르러 정신없이 건넌방으로 뛰어갔다. 방 한가운데에는 지도가 펼쳐져 있었고, 아버지와 아저씨 말고도 다른 어른들이 빙 둘러앉아 있었다.

"엄마가 죽어요…… 피가……."

아버지가 후닥닥 방을 뛰쳐나가자, 연화도 그 뒤를 쫓았다.

"연화야, 물 좀 끓여라."

"엄마는요…… 흑흑흑."

"연화야, 엄마는 괜찮아."

엄마가 연화를 보며 말했다.

"엄마, 진짜 괜찮은 거예요?"

"기운은 없지만 피를 쏟고 나니까 아픈 게 싹 가셨어."

엄마는 핏기 한 가닥 없는 얼굴로 웃어 보이고는 이내 눈을 감았다. 연화는 얼른 가마솥에 물을 끓였다. 아버지가 피 묻은 이불을 싸안고 나오며 이제 안심해도 된다며 활짝 웃었다. 연화는 마음 속으로 순이 아버지께 다시 한 번 감사의 인사를 올렸다.

연화는 따뜻한 물로 엄마를 씻겨 준 다음 엄마 옆에 누웠다. 긴 하루 일에 지쳐 눈을 감자마자 곯아떨어졌다.

조센징과 쪽바리

마쓰이가 돌아간 뒤, 나카무라는 늦은 저녁을 먹고 바로 자리에 누웠다. 오랜만에 자전거를 타고 멀리까지 갔다 온 탓인지 머리가 아프고, 몹시 피곤했다.

'너라면 어떻게 하겠냐?'

마쓰이의 물음이 머릿속을 가득 메웠다. 차라리 처음부터 묻지 않는 게 나을 뻔했는데…….

"대장님, 사사까 대장님!"

요란하게 대문을 두드리는 소리가 났다. 언제 잠들었는지, 어느새 창밖은 어슴푸레한 새벽이었다.

"대장님, 큰일 났습니다!"

금방이라도 숨넘어갈 듯한 고함 소리로 봐서 무척 다급한 일인 게 분명했다.

"뭐야, 제암리에서?"

제암리라는 말에 정신이 번쩍 든 나카무라는 몰래 방을 빠져나와 귀를 기울였다. 쌍칼과 김만복이 아버지 앞에 무릎 꿇고 앉아 있었다.

"그게 정말인가?"

"틀림없습니다요. 제가 지금 막 듣고 이리로 곧장 왔습니다요."

김만복이 다부진 목소리로 대답했다.

"당장 잡아들여."

"진정하십시오, 사사까 대장님."

"주재소와 우리 집에 불을 지른다는데 내가 진정하게 됐어!"

아버지가 주먹으로 탁자를 쾅 내리쳤다. 고양이 앞에 쥐처럼 쌍칼과 김만복의 머리가 바닥에 닿을 정도도 숙여졌다.

"제암리에서 독립군을 도와 주고 만세를 선동한다는 제보는 있었지만 마땅히 증거가 없었는데, 이번 일로 제암리를 싹 쓸어 버려야겠습니다."

쌍칼의 치켜 올라간 눈에서 칼날 같은 빛이 번뜩였다.

"마을 전체를 흔적도 없이 싹 쓸어 버릴 테니 조금만 시간을 주십시오."

"흔적도 없이?"

"네!"

쌍칼은 벌떡 일어나더니 일장기를 향해 두 손을 번쩍 치켜들었다. 김만복도 쌍칼을 따라 했다.

"사사까 대장님께 이 한목숨 다 바쳐 충성할 것을 천황폐하 앞에서 맹세합니다!"

"으하하하, 좋다. 지금 당장 가게며 집집마다 구석구석 보초를 세우고, 쥐새끼 한 마리도 얼씬거리지 못하게 경계를 철저히 하도록!"

"네!"

주먹 쥔 손을 다리에 착 붙이며 구령을 외치는 쌍칼과 김만복 얼굴에는 굳은 의지가 서려 있었다. 그들이 돌아간 뒤에도 아버지는 한참이나 자리를 뜨지 않고 생각에 잠겨 있었다.

이제야 꼬인 실타래의 처음과 끝을 찾았다. 그건 김만복이 제암리 일을 쌍칼에게 모두 알려 준다는 걸 제암리 사람들은 모른다는 것이었다. 그런데 이 사실을 어떻게 풀어야 할지 도무지 방향이 잡히지 않았다. 그 애한테 달려가 이 사실을 알려야 하나?

'안 돼, 나카무라. 넌 대일본제국의 아들이야.'

나카무라는 몇 번이나 방을 맴돌다 아버지가 방으로 들어간 걸 확인하고 마당으로 나왔다. 찬 물로 얼굴이며 목을 박박 문질렀다. 알 수 없는 불안감이 찰거머리처럼 착 달라붙었다. 시나브로 어둠의 흔적을 말끔히 빨아들인 태양이 아침을 열었다. 능금나무 아래에 자전거가 체인이 벗겨진 채 비스듬히 서 있었다.

"나카무라, 밥 먹어라."

나카무라는 애써 태연한 척하며 아침 밥상머리에 앉았다. 군복으로 갈아입은 아버지가 먼저 와 기다리고 있었다. 가지런히 자란 콧수염을 엄지와 검지로 매만지며 아버지가 젓가락을 들었다.

"오늘은 밖에 나가지 마라."

나카무라는 대답 대신 아버지 가슴에 치렁치렁 매달린 훈장을 바라보았다.

"또 만세 부른대요?"

엄마가 의자에 앉으며 신경질을 냈다.

"조센징, 지긋지긋해."

오늘따라 엄마 목소리에 더 많은 짜증이 묻어났다. 하루 빨리 조선 땅을 벗어나는 게 엄마 소원이라는 걸 아버지도 잘 알고 있었다.

'나는 쪽바리, 그 애는 조센징…….'

그 말이 입 밖으로 튀어나올 것 같아 나카무라는 얼른 밥을 밀어 넣었다.

'나는 조센징이라는 말을 절대로 쓰지 않을 거야.'

나카무라는 그 애를 생각하며 자신에게 최면을 걸었다.

"대일본제국에 해를 입히는 조센징 놈들을 모조리 없애 버리겠어."

"나라를 갖다 바칠 때는 언제고, 다시 나라를 찾겠다고 난리니…… 조센징은 정말 싫어요."

엄마는 도리질을 하며 이맛살을 잔뜩 찌푸렸다.

"이번 제암리 일만 잘 해결되면 모든 게 좋아질 거요."

"조센징이라면 꼴도 보기 싫어요."

"이번 가을 추수가 끝나면 생각해 봅시다."

"정말이에요? 일본으로 돌아갈 거죠?"

두 손을 모은 엄마 얼굴이 단박에 활짝 펴졌다.

밥 한 공기를 비운 아버지가 물로 입을 우르르 헹군 뒤, 금테 두른 모자를 짙은 눈썹이 덮이도록 눌러 썼다. 나카무라는 아버지를 따라 마당으로 나왔다.

"나카무라, 묻고 싶은 말이라도 있는 거냐?"

"조선인들이 우리에게 나라를 바친 게 틀림없어요?"

"나카무라, 그런 당연한 질문을 하다니. 너 오늘 이상하구나."

"왜 조선인들이 우리에게 나라를 바친 거죠?"

나카무라는 아버지 눈을 똑바로 보며 물었다.

"힘없는 조선을 지켜 줄 나라가 우리 나라밖에 없다는 걸 알아차린 거지. 알겠느냐?"

"그런데 왜……."

진짜로 묻고 싶었던 말을 꺼내지도 않았는데, 아버지는 밖으로 나가 버렸다.

"그런데 왜 조선인들이 나라를 찾겠다고 만세를 부르는 거죠?"

아버지가 떠난 마당에 서서 나카무라는 대문을 향해 못다 한 말을 중얼거렸다. 구석진 곳에 숨어 있던 바람이 반쯤 열린 대문을 흔들었다.

대문을 나서자 완전무장한 경찰과 군인들이 곳곳을 지키고 있었다. 쥐새끼 아니, 바람 한 자락 지날 수 없을 정도였다.

나카무라는 주재소 앞에 서 있는 경찰에게 김만복이 있으면 불러 달라고 부탁했다. 뜨악한 표정을 짓던 경찰이 고개를 갸웃거리며 주재소 안으로 들어가 이내 김만복을 데리고 밖으로 나왔다.

"도련님이 절 다 찾으시고요."

"저 좀 도와 주세요. 또 체인이 벗겨졌어요."

"지금은 좀……."

"지금 고쳐야 해요."

"그럼, 잠시만요."

김만복이 쌍칼에게 보고라도 하고 나오려는지 급히 주재소 안으로 들어갔다. 이내 후다닥 뛰어나온 김만복은 집을 향해 잰걸음을 쳤다.

"제가 제대로 끼우지 못했나 봅니다요. 다시는 빠지지 않도록 단단히 고쳐 드리겠습니다요."

나카무라네 마당으로 들어선 김만복은 자전거가 놓여 있는 곳으로 곧장 갔다.

"어이쿠, 앞뒤가 다 벗겨졌네요."

김만복은 시커먼 기름이 잔뜩 묻은 체인을 잡아 걸었다.

"어제 제암리에서 아저씨 봤어요. 같이 있던 사람은 누구예요?"

"아, 그냥 좀 아는 사람입니다요."

"싸움닭 바위네 주인 맞죠?"

"그걸 어떻게?"

김만복이 두 눈을 똥그랗게 뜬 채 나카무라를 바라보았다. 나카무라는 그 애 이름이라도 알아 낼 속셈으로 체인을 거는 김만복 옆으로 바짝 다가앉았다.

"다음 번에도 아는 체하면 안됩니다요."

김만복은 손을 다시 놀렸다. 체인을 거는 김만복의 손놀림이 빨라졌다.

"무슨 급한 일 있으세요?"

"큰일이 있지요. 제가 제암리에 가지 않았으면 큰일 날 뻔했습죠. 하마터면 사사까 대장님께서 큰 변을 당할 뻔했습니다요."

"큰일이라뇨?"

"아 글쎄, 제암리 놈들이 오늘 아침 열 시에 주재소와 도련님네 집을 습격한다고 했거든요."

"그게 사실이에요?"

"제가 이 두 귀로 똑똑히 듣고, 두 눈으로 확인했습죠. 헤헤헤, 다 고쳤습니다."

김만복은 수돗가로 가 손을 씻었다.

"제암리 사람들은 아저씨가 주재소에서 일하는 거 몰라요?"

"당연히 모르죠. 알아서도 안 되고요. 호랑이를 잡으려면 호랑이 굴로 들어가라. 다 쌍칼, 아, 아니, 희창이 형님께서 일러 주신 방법이지요. 도련님, 이젠 절대 제암리에 가지 마세요. 알았지요?"

김만복은 약속이라도 받을 작정인지 눈을 뚱그렇게 뜨고 말했다.

"알았어요. 그런데 제암리를 싹 쓸어 버리겠다는 말은 뭐예요?"

나카무라는 아버지가 한 말이 생각나 넌지시 물었다.

"그건 제암리 전체가 교회 신도거나 천도교를 믿거든요. 머리들이 좀 깨었다고 다른 마을 사람들까지 선동해 만세를 부르거나 난동을 자꾸 부려서요. 제암리만 쓸어 버리면 사사까 대장님께서 편안해지실 겁니다요. 참, 혹시 어제 칼 잃어버리셨어요?"

"그, 그건…… 왜요?"

"아는 애가 똑같은 걸 가지고 있어서……."

김만복이 무슨 말을 더 하려는데, 쌍칼이 대문 밖에서 다급하게 불렀다.

"나중에 말씀 드릴게요, 도련님. 바빠서……."

김만복은 손에 묻은 물기를 바지에 쓱쓱 닦으며 밖으로 득달같이 달려 나갔다.

'그 애에게 주머니칼을 준 걸 아버지가 안다면…….'

생각만으로도 몸서리가 쳐졌다. 김만복이 나중에 물어 보면 잃어버렸다고 딱 잡아떼야지, 하고 나카무라는 마음먹었다.
'그런데 그 애에게 김만복 얘기를 어떻게 알려 주지?'
2층으로 올라가는데 다리가 휘청거렸다. 머리가 지끈거리고 오른쪽 눈두덩이 아팠다. 자리에 누워 눈을 감았다. 나카무라는 이내 깊이 잠들었다.

미꾸라지 사냥

아기 울음소리에 눈을 떠 보니 벌써 창밖이 훤했다. 벌떡 일어나는데 엄마가 방으로 들어왔다.

"엄마?"

"잘 잤니?"

연화는 엄마 품에 와락 안겼다.

"와, 엄마 냄새."

"시큼한 냄새지, 뭐."

"아니요. 세상에서 가장 고소한 우리 엄마 냄새."

엄마 품을 잠깐 연화에게 빼앗긴 아기가 자지러지게 울어 댔다. 엄마가 얼른 아기에게 젖을 물렸다.

"순이네 아버지는 바쁜 일이 있다면서 새벽녘에 그냥 가셨대. 다음 장날 찾아뵙고 엄마 대신 꼭 인사 드려라."

"순이 기집애, 살았는지 죽었는지 통 연락도 없고. 나쁜 기집애."

비석치기를 할 때마다 양 갈래로 곱게 땋아 내린 머리가 등에서 들썩들썩 춤추던 순이. 순이는 머슴애들의 심한 말 한 마디에도 주르륵 눈물을 흘리곤 했다.

엄마는 빈 젖을 빠느라 칭얼대는 아기를 내려놓고 다시 부엌으로 나갔다. 연화가 부랴부랴 시렁에다 이불을 개 얹는데 아침상이 차려졌다. 할아버지 방에 차려진 밥상에는 나물죽과 나물 반찬이 고작이었지만 엄마가 해 준 거라 더 맛있어 보였다. 할아버지가 먼저 숟가락을 들자, 연수와 연자가 달려들어 허겁지겁 죽을 먹었다. 할아버지와 아버지는 아무 말이 없었고, 무거운 분위기 탓에 연화도 눈치를 살피며 나물죽을 먹었다.

아침상을 물리자마자 아버지는 서둘러 집을 나섰다.

"다녀오겠습니다."

"조심, 또 조심해라."

할아버지는 사립문까지 아버지를 배웅했다. 연화 역시 멀어지는 아버지 뒷모습을 오래오래 지켜 보았다. 어젯밤에 어른들이 머리를 맞대고 앉아 비밀 얘기를 나누던 일이 떠올랐다. 독립군으로 몰리면 살아서는 집으로 돌아올 수 없었고, 살아 온다고 해도 제 발로 걸어오는 경우는 아주 드물었다.

"무슨 생각을 그리 골똘히 하느냐?"

할아버지가 괭이를 지팡이 삼아 짚고 나오며 물었다.

"미꾸라지 잡으러 가시게요?"

"사사까 닭하고 싸워 이기려면 미꾸라지라도 잡아먹여야지."

"저도 갈게요."

연화는 호미와 헌 양재기를 들고 할아버지 뒤를 쫓았다.

신작로 건너편부터 하늘과 맞닿은 산까지는 전부 논이다. 그 사이로 연화네 마을인 제암리와 건너편 마을을 경계 짓는 강이 자리잡고 있다. 연화네 논은 신작로에서 얼마 떨어지지 않은 도랑 바로 건너편에 있어, 한여름에도 물을 대지 못할 걱정은 없었다. 정확히 말하면, 이 논의 주인은 순이네다. 순이네가 읍내로 이사 가는 바람에 연화네가 땅을 부치게 된 것이다. 그 덕분에 연화네는 다른 사람에 비해 여러모로 형편이 나았다.

제암리 사람들 대부분은 일본인이 주인인 땅을 부쳤다. 일본인 주인 밑에는 조선인 마름이 있는데, 이 조선인 마름에게 잘못 보이면 일 년 내내 쌀 구경을 할 수 없었다. 왜놈 주인보다 이 곳 사정에 밝은 조선인 마름이 더 못살게 굴었기 때문이다.

밤새 비라도 내렸는지 논이 질척거렸다. 얼어붙어 바위덩이처럼 단단한 것보다야 괭이질하기에는 힘이 덜 들어 좋았다. 한겨울에는 어찌나 꽝꽝 얼어붙는지 땅파기가 여간 힘든 게 아니었다.

"날씨가 많이 풀렸구나."

혼잣말을 내뱉은 할아버지는 도랑 쪽 논으로 가 괭이질을 했다. 깜짝 놀란 미꾸라지가 꼬리를 꿈틀거리며 땅 속으로 파고들었다. 느긋하게 겨울잠을 자다 당한 기습 공격에 제아무리 빠른 미꾸라지라 해도 할아버지의 손아귀를 벗어나기란 쉬운 일이 아니었다.

"산에는 벌써 참꽃도 핀걸요."

연화는 참꽃을 따먹어 입술이 시퍼레진 그 아이 얼굴이 떠오르자 또다시 가슴이 콩닥거렸다.

"그래, 벌써 봄이구나. 그런데 요놈들은 아직도 잠만 자고 있으면 어쩌려고…… 잠만 자다가는 이렇게 잡혀 가 죽는 일밖에 없지."

할아버지가 혼잣말처럼 중얼거렸다.

"봄은 아주 작은 생명들이 아름다운 때란다. 봐라, 나무마다 새순이 돋아나고, 풀들도 땅을 뚫고 나왔잖니."

"봄은 좋은데, 배고픈 건 싫어요."

연화는 할아버지를 보며 불퉁스럽게 말했다.

"높으신 분들이 우리 같은 작은 목숨을 중히 여길 날이 오겠지. 암, 꼭 오고말고."

"할아버지, 아버지는 어디 갔어요?"

미꾸라지 한 마리를 손에 든 할아버지가 연화를 돌아보았다.

"우리 연화가 올해 몇 살이지?"

정말 연화 나이를 모르겠다는 듯 할아버지는 연화 얼굴을 빤히 바라보았다.

"열, 한 살요."

연화는 열에다 힘을 실어 대답했다.

"그래, 그렇구나. 세상 돌아가는 일쯤은 알아야 할 나이지. 네 아비는……."

"싸우러 갔어요?"

"오냐. 싸우러 갔다."

"싸우는 건 싫어요."

연화 목소리가 떨렸다.

"연화야, 도둑놈이 우리 집에 들어와서 우리를 마구 때리면서 주인 행세를 하면 어쩌겠느냐? 참고만 있을래?"

연화는 대답하지 못했다.

일 주일에 두 번 교회를 찾아오는 미국인 언더우드 목사는 싸움은 싸움을 더 크게 만들고 서로를 미워해 결국 죽음으로 몰고 가니까, 우리는 원수까지도 사랑해야 한다고 말했다. 일본은 가난한 조선인들에게 철도를 놔 주고, 전화도 놓아 주고, 건물도 지어 주니 참으로 좋은 나라라는 것이었다. 조선인들은 이 기회를 놓치지 말고 부지런히 신식 교육도 받고, 새로운 기술을 익혀 나라가 강해지면 그 때 가서 일본에게 나라를 되돌려 받으면 되는 것이라고. 일본은 조선인을 원시인에서 문명인으로 이끌어 줄 것이라는 말도 덧붙여 설명해 주었다. 그러나 안 목사의 생각은 달랐다.

어른들은 일본을 가운데 두고 두 패로 갈라섰다. 조선 사람이면서도 일본 편을 드는 왜놈 앞잡이와 우리 나라를 되찾으려는 사람으로.

갈라선다는 건 그 힘이 반, 아니 반에 반으로 줄어든다는 걸 연화도 잘 알고 있었다. 그래도 천도교를 믿는 할아버지가 '천도교니, 교회니 서로를 멀리하기보다는 지금은 서로 힘을 합칠 때'라며 입버릇처럼 한 말이 한 가닥 희망이었다.

연화는 지금껏 단 한 번도 할아버지와 아버지가 하는 일이 나쁘다고 생각한 적 없었다. 단지 위험하고 무서운 일이라는 생각이 문득문득 들었다. 뱁새눈을 하고 마을 구석구석을 훑던 쌍칼의 섬뜩한 눈빛이 되살아났다.

'아버지에게 큰일은 없을 거야. 하지만 악랄한 사사까나 쌍칼에게 잡히는 날엔…….'

연화는 고개를 세게 저었다. 그런데도 지난 장날, 발안 장터에서 우체국에 불을 지르고 죽은 아저씨처럼 아버지도 총에 맞아 죽을지 모른다는 생각이 마음을 떠나지 않았다. 앞으로 벌어질 일이 무섭고 두렵기만 했다.

"연화야, 잘 들어야 한다."

할아버지가 연화 눈을 바라보며 말했다.

"우리 나라를 대표한다는 민족대표 33인은, 3월 1일 태화관이라는 음식점에 모여 독립 선언서를 낭독했단다. 그러고는 우리 여기 있으니 잡아가시오, 하고 왜놈에게 전화를 했지. 백성들은 총칼에 맞서 싸우는데 말이다."

할아버지는 잘게 썰어 말린 누런 담뱃잎을 주머니에서 꺼내 곰방대에 꽉꽉 채워 넣고 불을 붙였다. 길게 한 모금 빨아들이고는 뿌연 연기를 코와 입으로 뿜어 냈다.

"할아비가 이 말을 하는 이유는 나라를 팔아먹은 건 높은 양반들이었지만, 우리가 일어서야 한다는 말을 하고 싶어서란다. 이 땅을 지켜 내는 건 높은 양반, 많이 배운 사람이 아니라 바로 우리이기 때문이지."

"그런데 전, 무서워요."

"연화야, 넌 이 땅의 주인이 되어라. 메마른 땅을 다시 일구는 참주인."

할아버지 말을 듣고 있자니 가슴 밑바닥에서 뜨거운 불기둥이 활활 일어나는 듯했다.

"할아버지, 참주인이 뭐예요?"

"조선 사람이면서 왜놈 끄나풀이나 하는 짐승만도 못한 인간이 아니라 진짜 주인 말이다. 진짜 주인."

할아버지가 연화 얼굴을 바라보았다. 할아버지 눈 속에 연화가 들어 있었다. 연화 눈 속에도 입술을 꽉 다문 할아버지가 자리잡았다.

할아버지가 말하는 참주인은 만져지지도, 보이지도 않는 봄 햇살과도 같은 것일까? 봄 햇살이 나무와 풀, 산과 들을 키워 내고 살찌우듯, 참주인 역시 이 땅을 보듬고 어서 일어서라 둥둥 북을 쳐 주는 사람일지도 몰라.

할아버지가 들려 준 이야기들이 머릿속에서 내려와 마음 한가운데에 쌓였다. 연화는 한꺼번에 몇 살을 더 먹어 어른이 된 것 같았다.

'아버지, 힘내세요.'

연화는 발안 장터를 바라보며 빌었다.

탕, 탕, 탕!

총소리에 놀란 나카무라는 창가로 달려가 밖을 내다보았다. 집 대문에서 오십 미터도 떨어지지 않은 곳에 먹빛 조끼를 입은 사람과 함께 두 명이 더 쓰러져 있었다. 먹빛 조끼를 입은 사람이 비틀거리며 일어서더니 저고리에서 태극기를 꺼내 흔들었다. 나머지 두 명도 따라서 태극기를 흔들었다.

"대한 독립 만······."

탕!

나카무라는 눈을 꼭 감았다.

"끌고 가!"

쌍칼의 칼날 같은 소리가 들렸다. 경찰들이 축 늘어진 조선인을 질질 끌고 갔다. 다리에서 붉은 피가 뚝뚝 떨어졌다. 다리에 총을 맞아 죽지는 않은 모양이었다.

"우웩!"

나카무라는 아침에 먹은 음식을 모두 토하고 말았다. 비릿한 피 냄새가 코끝을 맴돌아 점심과 저녁 내내 물 한 모금 삼키지 못했다. 그런데도 속은 여전히 메스꺼웠다. 기운이 없어 자리에 누웠지만 머리만 어질어질할 뿐 정신은 말짱했다. 지난 장날 닭 싸움터에서의 일이 떠올랐다.

"상대편 닭이 죽을 때까지 싸워라!"

아버지는 항복의 표시로 땅바닥에 주저앉은 상대편 닭을 죽이라고 명령을 내렸다. 그런데 그 애네 할아버지는 생명을 소중히 여겨 엄발을 동여매는 것이 싸움판의 법칙이라며 아버지 명령을 단번에 거역했다. 아버지의 명령을 거역한 사람은 그 애네 할아버지가 처음이었다. 그러고도 살아 남은 사람 역시 그 애네 할아버지가 처음이었다. 무엇이 그 애네 할아버지를 그토록 당당하게 만든 것일까? 말 한 마디에 목숨을 잃을 수도 있는데…….

오늘 일만 해도 그랬다. 조선인들에게는 목숨보다 더 소중한 게 있는 것 같았다. 목숨보다 소중한 게 무엇일까? 목숨보다 더 소중한 게, 목숨보다 더……. 의문들이 꼬리에 꼬리를 물고 일어났다. 그러다 벌떡 일어서려는데 다리가 휘청거렸다.

나카무라는 방문을 잠근 뒤, 책상 앞에 앉아 연필심에다 침을 한 번

묻히고는 '안녕' 이라는 조선 글자를 꾹꾹 눌러 썼다. 처음 써 보는 조선 글자가 삐뚤빼뚤, 비 오는 날 지렁이 기어가는 것 같았다. 그 다음부터가 문제였다. 일본말이라면 그 애에게 하고픈 말을 모두 쓸 수 있지만 조선 글자로는 무리였다.

"나카무라, 아버지 오셨다."

후다닥, 나카무라는 쪽지를 책상 서랍에 감추고 계단을 뛰어내려갔다.

"나카무라, 이리 와서 이것 좀 봐라."

마당에는 아버지와 쌍칼, 김만복이 꽁지 털이 유난히 검붉은 싸움닭을 구경하고 있었다. 덩치가 바위보다 배는 컸다.

"다음 장날 싸울 닭이다. 어떠냐?"

기분이 몹시 좋은 듯 아버지 목소리가 쩌렁쩌렁 울렸다.

"단번에 영감탱이 닭을 죽여 버릴 겁니다."

쌍칼이 아버지를 보며 헤벌쭉 웃었다.

"엄발은요?"

"도련님, 엄발은 무슨 엄발요. 이대로 싸우는 거지요."

미리 짜기라도 했는지 쌍칼과 김만복이 합창하듯 대답했다.

"싸움의 법칙을 지켜……."

"사사까 대장님께서 만드시는 게 법이랍니다."

나카무라 얘기가 끝나기도 전에 쌍칼이 받아쳤다.

"나카무라, 어떤 싸움이든 무조건 이기는 게 중요하다. 그게 우리를 죽음에서 구하는 방법이다."

"그래도 엄발은 상대편 닭을 죽일 수도 있잖아요."

"이번 싸움은 상대편 닭을 죽이는 게 목적이다. 수단과 방법을 가리지 말고 무조건 이겨야 한다. 알겠느냐?"

"오늘 조선 사람이 총에 맞은 걸 봤어요."

대답 대신 느닷없는 말이 튀어나와 나카무라는 가슴이 벌렁거렸다.

"그래, 모두 여기 있는 두 사람 덕분이다. 하하하!"

"아닙니다요. 모두 사사까 대장님의 영광입니다."

쌍칼이 손사래까지 치며 아버지를 치켜세웠다.

"그럼, 저희는 이만 물러가겠습니다."

쌍칼과 김만복이 집을 나갔다.

"아침에 붙잡힌 조선인은 어떻게 돼요?"

"다시는 그런 짓을 못 하도록 죽여 버려야지. 조센징들이 보는 앞에서 말이다."

"꼭 죽여야 해요?"

"나카무라, 어리석은 질문 따위는 필요 없다!"

뚝, 손등으로 눈물이 떨어졌다. 아버지의 불호령 때문만은 아니었다. 나카무라는 흐르는 눈물을 닦지 않았다.

"이런 약해빠진 놈. 대일본제국의 군인에게 눈물 따위는 필요 없다!"

"하지만……."

"꼴도 보기 싫다. 당장 꺼져라."

이상했다. 아버지의 노여움이 커지면 커질수록 나카무라 마음은 잔잔한 바다가 되었다.

나카무라는 집을 나와 주재소로 갔다. 다리에 총을 맞고 쓰러진 사람들이 어떻게 되었는지 궁금해서였다. 주재소 옆 모퉁이를 막 돌아서는데, 쌍칼이 누군가와 마주 보고 서 있었다. 나카무라는 담벼락에 숨어서 두 사람 얘기에 귀를 기울였다.

"희창이, 자네는 조선 사람이야."

"그런 소리 하려거든 돌아가."

"희창이, 자네 때문에 우리 형제들이 죽어 가고 있어."

"대일본제국에 반역하는 놈들이니까 당연하지."

"제발 쪽바리 앞잡이 짓은 그만 하게."

"그만!"

쌍칼의 목소리가 단박에 커졌다.

"지금이라도 늦지 않았어.. 우린 자네가 잘못을 뉘우치고 돌아온다면 언제든지 받아 줄 걸세."

"그럴 일은 절대 없을 거야. 저놈들처럼 총에 맞고 싶지 않으면 어서 돌아가."

"개만도 못한 놈!"

"뭐? 좋아, 좋아. 맘껏 떠들어 보시지. 반드시 그 입을 다물게 해 주겠어."

쌍칼이 휙 돌아서는 바람에 나카무라는 깜짝 놀라 얼른 몸을 숨겼다.

끄나풀

　아버지는 밤이 깊었는데도 돌아오지 않았다. 할아버지는 곰방대를 탕탕, 내리치고는 마당으로 내려섰다. 벌써 사립문을 열 번도 넘게 들락날락거리며 안절부절못했다. 연화도 배고픈 강아지처럼 할아버지 뒤를 쫄랑쫄랑 쫓았다. 감나뭇집 천태 삼촌과 화수리 사는 아저씨 두 명이 총에 맞았다는데, 연화네 아버지는 어떻게 되었는지 여태까지 소식을 전해 듣지 못했다.
　'혹시……'
　나쁜 생각만 떠오르는 게 연화는 영 기분이 좋지 않았다.
　"아리 아리랑, 쓰리 쓰리랑, 아라리가 났네, 에에에…… 아리랑, 음으 허허허허허……"
　할아버지가 득달같이 사립문을 밀쳤다. 연화와 엄마도 할아버지 뒤를 따라 밖으로 나갔다. 아버지는 이기지도 못하는 술을 마신 탓에 비틀비틀 몸조차 제대로 가누지 못했다. 할아버지와 엄마가 얼른 아버지를 부축해 집 안으로 들어왔다.

"연화 아부지……."

"아버지요, 저 좀 죽여 주세요. 으허허허……."

마룻바닥에 쓰러진 아버지가 울며 소리쳤다. 아버지가 우니까 연화도 눈물이 나왔다. 아버지가 돌아와 기쁜데 자꾸 눈물이 났다. 할아버지는 먹빛 밤하늘을 올려다볼 뿐 아무 말도 하지 않았다. 울음 끝이 잦아든 아버지는 그대로 잠이 들었다.

연화는 방으로 들어와 자리에 누웠지만 쉽게 잠이 오지 않았다. 엄마가 만들어 준 복주머니에서 그 아이가 준 주머니칼을 꺼내 만지작거렸다. 주머니칼 위로 눈물이 뚝 떨어졌다. 얼마 뒤, 할아버지가 들어와 자리에 누웠다. 할아버지 역시 이리 뒤척 저리 뒤척 쉽게 잠들지 못했다. 연화는 이불을 머리끝까지 뒤집어쓰고 칼을 매만졌다. 잠이 들 때까지 슬픔은 사라지지 않았다.

다음 날, 연화는 늦잠을 자고 말았다. 아홉 시 예배가 끝나면 바로 공부가 시작되기 때문에 연화는 서둘렀다.

"연화는 부지런히 익히면 조선을 일으킬 큰 인물이 될 거야."

언더우드 목사는 연화 머리를 쓰다듬으며 이렇게 말하곤 했다. 엄마는 여자가 많이 배우면 슬픔만 커지는 법이라며 썩 달가워하지 않았다.

순이처럼 가방 메고 학교에 다니지는 못하지만 이렇게라도 배워 훌륭한 사람이 되고 싶은 게 연화의 꿈이었다.

아침상이 차려졌지만 할아버지와 아버지는 보이지 않았다. 일이 있어 어디 갔다고 엄마가 일러 주었다. 연화는 아버지가 살아 돌아와 기쁜데 마음 한구석이 무거웠다.

연화는 얼굴에 물을 대충 찍어 바른 뒤 부랴부랴 교회로 달려갔다. 벌써 안 목사의 마지막 기도가 시작되고 있었다. 연화는 맨 뒷자리에 황급히 앉았다.

"우리 모두 왜놈에게 붙잡혀 간 우리 형제들이 무사히 돌아올 수 있도록 기도합시다. 오늘의 아픈 역사를 하루 빨리 끝낼 수 있는 힘을 저희에게 내려 주소서. 아멘."

"아이고, 내 아들 천태야! 아이고……."

감나뭇집 작은할머니가 삼촌 이름을 부르다 정신을 잃었다. 여기저기서 참았던 울음이 봇물 터지듯 흘러 나왔다. 언더우드 목사도 눈물을 찍어 냈고, 안 목사는 슬픔을 달래 주기라도 하듯 한 사람 한 사람의 등을 토닥여 주었다.

예배가 끝나자 어른들은 돌아가고, 공부할 아이들만 남았다. 눈동자가 벌게진 안 목사 대신 언더우드 목사가 애써 쾌활한 척 수다를 떨었다. 연화는 언더우드 목사가 내 준 문제를 모두 맞혔는데도 수업이 어제처럼 즐겁지 않았고, 정오가 다 되도록 그 우울함은 계속되었다.

끄나풀 101

하나 둘, 집으로 돌아가는 아이들 틈에 끼어 연화도 교회를 나왔지만 발걸음은 집과는 반대 방향인 발안 장터로 향하고 있었다.

'그 아이를 만날 수 있을지도 몰라.'

이런 생각만으로도 가슴 가득 쌓였던 슬픔의 돌멩이들이 우르르 무너져 내려 발걸음이 한결 가벼워졌다.

까아악, 까아악!

까마귀 무리가 장터 위 하늘을 날고 있었다.

"퉤, 퉤, 퉤!"

까마귀를 보면 재수가 없다고 했다. 연화는 침을 연거푸 세 번 뱉었다.

순이네 집은 주재소에서 오른쪽, 비단을 파는 가게가 있는 골목길로 가야 했고, 닭 싸움터는 골목길에서 반대쪽으로 가야 했다. 주재소 옆 공터에 사람들이 둥그렇게 모여 웅성거렸다. 연화는 먼발치에서 잠시 기웃거리다 순이를 만나고 돌아오는 길에 봐야겠다고 생각했다.

혹시나 하는 마음에 닭 싸움터로 먼저 달려갔다. 그 아이는 없었다. 닭싸움이 없으니 그 아이가 여기 있을 리 없는데도 서운했다. 연화는 외롭게 서 있는 팽나무만 몇 번 쓰다듬고는 곧장 순이네 집으로 달음질을 쳤다.

"순이야, 순이야!"

연화는 굳게 닫힌 사립문을 탕탕 치며 순이를 불렀다.

"누구세요?"

"나야, 연화."

"여, 연화야!"

문이 열리며 핏기 없는 순이의 동그란 얼굴이 쑥 나왔다. 연화는 순이를 와락 안았다.

"순이야, 잘 있었어? 보고 싶었어."

"나, 나도."

순이는 이쪽저쪽을 살피더니 연화 손을 잡아끌었다. 그러더니 대문을 걸어 잠갔다.

"왜 그래?"

"아, 아니야……."

"아주머니, 아저씨는?"

"왜?"

마루에 걸터앉던 순이가 놀란 얼굴로 되물었다.

"인사 좀 드리려고."

"지금 안 계신데……."

"순이야, 나 남동생 생겼어. 그래서 우리 엄마가 많이 아팠는데 너희 아버지가 약도 지어 주고, 쌀이랑 고기도 갖다 줘서 거의 다 나았어."

"그, 그랬어?"

"너한테도 고맙다는 말 전하고 싶어서 왔어. 기집애, 놀러 좀 오지."

순이는 땡볕에 시들시들한 풀처럼 기운이 하나도 없었다. 마당에 구멍이라도 뚫을 듯 땅바닥만 내려다보고 있었다. 줄줄이, 줄줄이 개미가 기어가고 있었다.

"우리 집 오다 봤지? 당연히 봤겠지……."

순이는 연화 얼굴을 보지도 않고 말했다.

"뭘?"

"주재소 옆 공터쪽으로 안 왔어?"

"아, 그거. 사람들이 몰려 있어 가 보려다가 집에 갈 때 보려고 그냥 왔어. 뭔데?"

"보지 마."

"왜?"

순이는 뜨악한 연화 얼굴을 멍하니 바라보았다.

"어제 주재소 앞에서 붙잡힌 아저씨, 제암리 사는 거 맞지?"

"응."

작은집 천태 삼촌이라는 말을 하려는데 순이가 먼저 말을 꺼냈다.

"어제, 오전 열 시에 주재소를 습격할 거라고 누가 일러바쳤대."

"누가?"

순이 말이 믿기지 않아 연화는 자기도 모르게 큰 소리로 되물었다.

"연화 너, 일본 싫어하지?"

"너도 싫잖아."

"난 다 싫어. 콱 죽어 버렸으면 좋겠어."

죽어 버렸으면 좋겠다는 말에 너무 힘을 줘서 순이 말이 진짜처럼 들렸다. 순이는 여전히 고개를 숙인 채 손가락만 만지작거렸다. 연화는 순이가 무슨 말이든 해 주기를 기다렸다.

"진짜 죽어 버릴까……. 흑흑."

"순이야, 너 우는 거야?"

"아니야……."

후다닥, 순이가 부엌으로 달려갔다. 부엌으로 가던 연화는 문이 살짝 열린 안방에서 무엇인가를 발견하고 우뚝 멈췄다. 한쪽 벽을 차지하고 있는 일장기와 그 밑에 '천황폐하만세'라고 또박또박 적힌 글자가 보였다. 연화는 물건을 훔치다 들킨 도둑처럼 얼굴이 확 달아오르고, 가슴이 쿵쿵거렸다.

얼른 눈길을 마당으로 돌렸다. 마을 어른들과 함께 비밀회의를 하던 아저씨와 일장기는 전혀 어울리지 않았다.

'혹시, 아저씨도 쌍칼처럼 왜놈 끄나풀?'

이런 생각조차 죄스러워 연화는 얼른 고개를 흔들었다.

"연화야!"

"어, 어?"

"이거."

순이는 수정과와 강정이 그득 담긴 둥근 소반을 연화 앞에 내려놓

왔다.

"순이야, 저기 있잖아…… 엄마가 심부름을 시켰는데 깜박해서……."

연화는 서둘러 일어나 마당으로 내려섰다.

"좀 먹고 가."

"아, 아니야. 잘 있어."

연화는 도망치듯 사립문을 빠져 나왔다. 그 순간 순이네 집을 기웃거리던 낯선 사내아이와 맞닥뜨렸다. 사내아이는 갑자기 나온 연화 때문에 깜짝 놀란 모양이었다.

"연화야, 잠깐만 기다려 줘."

뒤따라 나온 순이는 사내아이를 보더니 눈초리가 감때사납게 치켜 올라갔다.

"가!"

"할 얘기가 있어서……."

"가, 빨리 가!"

순이는 있는 힘껏 사내아이를 떠밀었다. 연화는 표독스러운 순이 모습이 몹시 낯설었다. 사내아이가 모퉁이를 돌아서자 순이의 화난 얼굴이 좀 누그러졌다.

"누구야? 동무 같은데……."

"몰라도 돼."

"뭐, 할 얘기 있니?"

"연화야!"

순이가 다시 연화를 불러 세웠다.

"나, 너 많이 보고 싶었어. 그런데 참았어. 갈 수 없었거든."

"왜?"

"미안해서……."

"뭐가? 뭐가 미안한대?"

"그냥 다. 다 미안해, 연화야."

순이는 그렇게 말하고는 집으로 후다닥 뛰어들어갔다. 연화는 울대가 뻐근한 게 눈에 눈물이 고였다.

연화는 주재소 옆 공터까지 숨도 쉬지 않고 뛰었다. 여전히 사람들이 둥그렇게 모여 있었다. 조금 전보다 사람들이 더 많았다. 저 안에 무엇이 있기에 순이는 보지 않는 게 좋다고 말했을까?

연화는 사람들을 헤집고 안으로 들어갔다. 천태 삼촌과 다른 아저씨 두 명이 나무 말뚝에 새끼줄로 팔과 다리를 묶인 채 매달려 있었다. 경찰은 숯불 화로에서 시뻘겋게 달궈진 쇠를 꺼내 들고 소리쳤다.

"말해! 누가 시킨 거냐?"

"우리끼리 한…… 으아악!"

경찰은 달궈진 쇠로 삼촌 얼굴을 지졌다. 연화는 얼른 손으로 입을 막고, 두 눈을 질끈 감았다. 온몸이 덜덜덜 떨렸다. 당장 여기를 벗어나고 싶은데 한 발자국도 움직일 수가 없었다.

"으아악! 으으으……."

"이래도 만세를 부를 건가?"

"조선이 독립하는 그 날까지, 내가 죽어도 조선이 독립만 된다면…… 으아악!"

"안 되겠군. 으흐흐, 죽여 주지."

귀신 같은 웃음을 흘리던 경찰이 칼을 꺼내 들었다. 천태 삼촌과 아저씨들이 내지르는 비명 소리에 연화는 눈을 더 꼭 감았다.

"모두 똑똑히 봐 둬라. 대일본제국에 대항하는 놈은 모두 이렇게 된다. 알았나? 으하하, 하하하하!"

온몸에 힘이 빠져 풀썩 주저앉는 연화를 옆에 있던 아주머니가 잡아 주었다. 연화는 한참을 아주머니 품에 안겨 있었다.

"괜찮니?"

아주머니의 물음에 연화는 간신히 눈을 떴다. 천태 삼촌과 아저씨들은 이미 고개를 떨어뜨린 뒤였다.

"어서 집에 가거라. 무섭구나, 무서워."

연화는 남은 힘을 모아 집을 향해 뛰었다. 비를 머금은 먹장구름이 연화 머리 위를 맴돌았다. 당장이라도 빗방울을 떨어뜨릴 기세로 몰려다녔다.

교회를 보자 무섭던 마음이 조금 잦아들었다. 기도를 하려고 교회 문을 열고 안으로 들어섰다. 덕칠 오빠와 몇몇 아이들이 안 목사 곁에 빙

둘러앉아 얘기를 나누고 있었다.

"연화야, 어디 갔다 오니? 엄마가 찾던데."

"삼촌이……."

연화는 중심을 잃고 그 자리에 풀썩 주저앉았다.

"천태 삼촌이 장터에서 지금 막 돌아가셨어요."

연화는 조금 전 일을 낱낱이 들려 주었다.

"너희는 오늘 일을 똑똑히 기억해 두어야 한다."

"목사님, 우리는 왜 이렇게 가난하고, 힘도 없어 나라까지 빼앗겨야 하나요?"

"잃었으면, 싸워 되찾아야지."

"쉬지 않고 일해도 늘 배고파야 하고……."

연화는 울먹이며 가슴 속에 든 응어리를 마구 쏟아 냈다. 그런 연화의 등을 안 목사가 오래오래 쓰다듬어 주었다.

의심은 의심을 낳고

같은 반 동무인 야마구찌의 생일잔치에 다녀 오느라 나카무라는 여느 날보다 늦게 집으로 오게 되었다. 지난 번 일도 있고 해서, 마쓰이와 야마구찌네 집 앞에서 만나 함께 오는 길이었다.

마쓰이는 아무 일도 없었다는 듯이 나카무라의 가방을 들고 말없이 따라왔다. 나카무라 역시 마쓰이를 그렇게 대했다.

나카무라는 마쓰이에게 '김만복을 조심해' 라는 말을 조선말로 배워 두었다. 마쓰이가 하나꼬네 아버지 이름인 '김만복' 을 알 것 같아, 한 자 한 자 뒤죽박죽 섞어 따로따로 물어 보았다. 다행히 마쓰이는 눈치 채지 못한 것 같았다.

"마쓰이, 저게 뭔지 보고 가자."

빽빽한 사람 틈을 비집고 들어가자, 나무 말뚝에 매달린 시체와 눈이 딱 마주쳤다. 마치 살아 있기라도 한 듯 두 눈을 부릅뜬 채 피눈물을 흘리고 있었다. 나카무라는 속이 메스꺼웠다. 급기야 야마구찌네서 먹은 음식을 모두 토하고 말았다. 마쓰이가 말없이 나카무라의 등을 두드려 주었다.

"마쓰이, 마쓰이. 나 죽을 것 같아."

"……."

"마쓰이, 나 좀 살려 줘."

나카무라는 마쓰이 손을 꼭 잡았다. 먹은 음식을 다 토하고 나자, 속이 편안하고 정신도 맑아졌다.

"마쓰이, 너도 내가 밉지? 넌 조선 사람이잖아."

마쓰이는 아무 대답도 하지 않고 나카무라네 집을 향해 앞서 걸었다. 그러고는 대문 앞에서 가방을 건네고 그대로 돌아가 버렸다.

나카무라는 2층 자기 방으로 올라가 서랍 속에 넣어 둔 쪽지를 꺼냈다. 마쓰이에게 배운 조선 글자를 썼다. 날마다 물을 갈아 준 덕분인지 노란 산수유꽃이 아직까지도 생생했다. 나카무라는 그 향기를 한껏 들이마신 뒤 다시 마당으로 나갔다.

나카무라는 능금나무 아래 기대 서 있는 자전거를 끌고 밖으로 나왔다. 여전히 주재소 옆 공터에는 사람들이 모여 웅성거리고 있었다.

"모두 잘 들어라! 대일본제국에 대항하는 놈은 모두 이렇게 된다!"

카랑카랑한 목소리로 누군가가 소리를 내질렀다. 나카무라는 자전거

의심은 의심을 낳고 113

페달을 힘껏 밟았다.

　3월과 4월은 같은 봄인데도 바람부터 다르다는 걸 몸이 먼저 알아차렸다. 하루 이틀 사이, 기승을 부리던 찬바람은 온데간데 없이 모습을 감추었고, 길가에 늘어선 버드나무는 연둣빛 물이 올랐다. 민들레도 노란 꽃을 피워 올렸다.

　나카무라는 힘껏 페달을 밟아 제암리 입구까지 왔다. 풀숲에 자전거를 숨겨 놓고 모퉁이를 돌았다. 그 때 교회로 들어가는 그 애의 뒷모습이 보였다. 나카무라는 서둘러 교회 나무 아래로 가 그 애를 기다렸다.

　'꼭 쪽지를 전해 줘야 해.'

　그 애를 놓치지 않으려고 교회 문에서 눈을 떼지 않았다.

　얼마 뒤, 그 애가 밖으로 나오는데 안 목사가 뒤따라 나오며 소리쳤다.

　"연화야, 다 잘 될 거야!"

　'연화.'

　참 예쁜 이름이라는 생각을 하는 사이 연화가 나무 앞으로 다가왔다. 나카무라를 발견했는지 연화의 큰 눈이 더욱 커졌다. 그러더니 뒤돌아서서 뭔가를 찾았다.

　"어떡하지. 네 칼, 집에 두고 왔나 봐."

　핏기 없는 연화의 얼굴이 울상이 되었다.

　"칼 말이야. 읍내서 만나면 돌려 주려고 했는데……."

　나카무라는 고개를 저었다.

"아니야, 우리 아버지가 꼭 돌려 주라고 하셨어. 이번 장날 닭 싸움터에서 만나자. 그 때 돌려 줄게. 그런데 여긴 웬일이니?"

나카무라는 검지로 연화를 가리켰다.

"날 만나려고?"

연화가 불거져 나온 나무 뿌리에 걸터앉았다. 나카무라도 그 옆에 앉았다.

"너도 봤지?"

연화가 무슨 말을 하는지 몰라 나카무라는 고개를 갸웃거리며 연화를 바라보았다.

"오늘 장터에 갔었어."

너무 놀란 나머지 나카무라는 가슴이 방망이질을 해 댔다.

"어떻게 사람이 사람을 그럴 수 있을까? 사람이 아니야! 악마야, 악마!"

연화의 울부짖는 소리에 나카무라는 마음이 쿵 내려앉아 버렸다. 가슴이 아팠다.

"만약에…… 진짜 만약인데, 가장 친한 동무 아버지가 왜놈 끄나풀이면 넌 어쩌겠니?"

나카무라는 가슴이 다시 철렁 내려앉았다.

'너 쪽바리지?'

그렇게 묻는 것만 같았다.

"확실한 건 아닌데, 어른들께 알려야겠지?"

"……."

"확실히 알 때까지 말하지 말까? 그런데 방에 걸려 있는 일장기와 '천황폐하만세'라고 쓰인 것도 봤어."

나카무라는 얼른 손에 쥐고 있던 쪽지를 연화 앞으로 내밀었다.

"이게 뭐야?"

연화는 꼬깃꼬깃 접힌 쪽지를 펴 읽었다.

"김만복을 조심해. 김만복……."

쪽지에 적힌 사실을 믿을 수 없어 연화는 고개를 천천히 가로저었다.

"아저씨가 진짜 왜놈 끄나풀 맞아? 그럼 순이는……."

나카무라는 연화 입에서 순이라는 이름이 나오자 무척 당황스러웠다.

"네가 어떻게 알아! 거짓말이지?"

연화는 나카무라에게 다그쳤다.

"모두 나쁜 쪽바리 때문이야. 으흐흑."

연화의 눈물이 턱에 매달리더니 이내 뚝뚝 떨어졌다. 때마침 하늘에서도 비가 내렸다. 바람결에 날릴 정도로 가는 비가 내리는데도 으스스 몸이 떨렸다.

나카무라는 연화 울음을 뒤로 하고 뛰기 시작했다. 연화에게 자기가 그 쪽바리란 걸 고백하게 될까 봐 두려웠다.

연화가 보이지 않는 곳까지 와 숨을 고르는데, 으스스 추위가 몰려왔다. 딱딱딱, 이가 심하게 부딪쳤다. 비바람 때문만은 아니었다. 온몸이 덜덜 떨리는 게 마음 한가운데에 커다란 구멍이라도 뚫린 듯 시렸다. 풀숲에 쓰러진 자전거를 끌어올리는데 다리가 휘청거렸다. 조금씩 빗방울이 굵어졌다. 집에 도착했을 때는 머리까지 지끈거리며 핑핑 돌았다.

"나카무라?"

대문 앞에 서 있는 엄마를 보자 나카무라는 그대로 엄마 품에 푹 안겼다. 몸이 물기를 몽땅 빨아들이기라도 한 듯 축축 처졌.

집 안으로 들어서자 아리타 중위가 와 있었다. 아리타 중위는 아버지와 쌍칼, 김만복과 함께 이야기를 나누고 있었다.

"이제 마을을 쓸어 버릴 일만 남았다. 알겠나?"

"네! 걱정 마십시오."

"방심하지 말고."

아버지 눈매가 날카롭게 빛났다.

"어딜 갔다 온 거냐?"

"……."

"못난 놈."

나카무라는 아리타 중위에게 꾸벅 인사를 하고 2층으로 올라갔다.

"교회에 모이게 하면 좋겠습니다요."

"그게 좋겠군."

"확실하게 처리해야 돼. 알았나?"

"네."

쌍칼과 김만복이 다부지게 대답했다.

교회에 모이게 한다는 게 뭔지 곰곰이 생각하는데 자꾸만 눈이 감겼다. 세상이 빙글빙글 돌며 머리가 깨질 듯 아프더니, 이내 깊은 구렁텅이 속으로 빨려 들어갔다. 눈을 떠야지, 안간힘을 써 보지만 손가락 하나 까닥할 힘도 남아 있지 않았다.

'엄마, 살려 줘요!'

그 말은 마음 속에서만 맴돌 뿐 입술조차 뗄 수 없었다.

"나카무라, 제발 정신 좀 차려라."

"어어, 으으으……."

엄마가 물수건으로 나카무라의 불덩이 같은 몸을 닦아 주었다.

"나카무라 괜찮니? 제발, 눈을 떠."

나카무라는 대답 대신 몇 번 눈을 끔벅이더니 다시 잠이 들었다.

"어떻게 할까? 갖다 드릴까?"

그 아이가 준 쪽지를 움켜쥐고 연화는 밖으로 나왔다. 부엉부엉, 부엉이도 연화처럼 잠들지 못하는지 구슬피 울었다. 오늘 비밀회의에는 아저씨가 참석하지 않았다.

'그 아이는 어떻게 아저씨가 왜놈 끄나풀인 줄 알았을까?'

그 아이의 얼굴이 떠올랐다. 왜 쪽지를 연화에게 주었는지 모든 게 의문투성이였다. 그 아이에 대해 아는 거라곤 말을 못 하고, 발안 장터에 산다는 것뿐. 그 아이가 준 쪽지만 믿고 섣불리 말했다가 사실이 아니면…….

'모레 장날 닭 싸움터에서 자세히 물어 봐야겠어.'

연화는 방으로 들어와 다시 누웠다. 머리끝까지 뒤집어 쓴 이불이 들썩거려 가슴에 두 손을 얹고 꾹 눌렀다. 부엉부엉, 여전히 잠들지 못한 부엉이 소리가 무서움과 함께 알 수 없는 슬픔처럼 몰려왔다.

연화는 부엉이 소리가 자장가처럼 들릴 때쯤 잠이 들었는데, 아침 일찍 눈이 떠졌다. 연화는 칼과 쪽지를 주머니에 챙겨 넣고 밖으로 나왔다. 아침 공기가 선선했다.

꼬꼬댁! 연화는 바위 울음소리가 나는 뒤꼍으로 갔다. 할아버지와 아버지는 바위에게 고추장 바른 미꾸라지를 먹이고 있었다. 천장에 매달린 고추장 묻은 미꾸라지를 바위가 쪼아 먹었다. 이런 특별 훈련은 바위의 목을 길게 하고, 다리에 힘을 붙게 해 준다.

"천하에 몹쓸 놈들. 죽은 사람 장사는 치르게 해야지."

"죄송합니다. 우리 중에 왜놈 끄나풀이 있는 걸 모르고, 저도 같이……."

"큰일을 치르려면 항상 조심해야 하는 법. 네가 일 초라도 늦게 가는 바람에 죽음을 면한 건 더 큰일을 하라고 하늘이 살려 준 게야."

"알겠습니다."

"밤중 얘기는 잘 끝났냐?"

"네."

할아버지 물음에 아버지는 간신히 대답하고, 미꾸라지를 천장에 매달았다. 단 한 번에 미꾸라지를 낚아 챈 바위가 청록빛 목을 쭉 빼며 꼬끼오, 목청을 돋우었다. 바위 울음소리에 연달아 이웃 닭들도 홰를 쳐 댔다.

"미꾸라지 한 마리가 도랑물을 온통 흐렸구나."

"……."

"정에 끌려서야 큰일을 치를 수 있겠느냐. 잘 처리해라."

할아버지는 담배 연기를 내뿜다 쿨럭, 기침을 하였다. 할아버지는 애꿎은 감나무 기둥에 곰방대 속 담뱃재를 탁탁 털어 내고는 방으로 들어가 버렸다.

연화는 부엌으로 가서 아침상을 들고 방으로 들어왔다. 상 위에는 나물죽과 간장 한 종지뿐이었다. 그나마 엄마 그릇에는 죽이 반도 차지 않았다. 나쁜 피를 몸 밖으로 쏟아 낸 덕에 엄마 얼굴에는 핏기가 돌았지만 거뭇거뭇해진 기미는 제 집처럼 자리를 잡았다.

허겁지겁 나물죽을 먹는 동생들을 물끄러미 바라보던 엄마는 빈 젖을 빠느라 안간힘을 쓰던 아기 입에 희멀건 밥알을 넣어 주었다. 누렇게 황달이 오른 아기가 넙죽넙죽 받아 먹으며 쪽쪽 소리를 냈다. 연화는 자기 그릇에 있는 밥알을 골라 엄마 그릇에 담았다. 엄마가 그런 연화를 보고 힘없이 웃었다.

비밀 쪽지

"더러운 쪽바리 거, 가져 가!"

겁에 질린 연화가 마구 소리를 질렀다. 나카무라는 무슨 말이든 하고 싶었지만 마음 속에서 칡덩굴처럼 엉겨 버린 말은 입 밖으로 나오지 않았다.

연화는 징그러운 뱀이라도 되는 듯 주머니칼을 나카무라에게 던졌다. 주머니칼이 산산조각이 나며 흩어졌다.

"으으으, 연, 연화……."

"나카무라? 나카무라?"

울음 섞인 엄마 목소리가 나카무라를 깨웠다. 꿈이었다. 머리는 여전히 아프고, 바싹 마른 입 안은 쩍쩍 갈라졌다. 엄마가 내민 물을 마시자 정신이 좀 들었다.

"엄마, 아직도 비 와?"

비를 맞으며 울고 있던 연화가 맘에 걸렸다.

"아니, 오늘은 아주 맑아."

"다행이다."

나카무라가 몸을 일으키자 엄마가 얼른 등을 받쳐 주었다. 책상 위 산수유꽃의 노란 꽃잎이 우수수 떨어져 있었다. 연화처럼 비를 맞기라도 한 듯.

"다 시들었는데 버려야겠다."

"버리지 마."

"줄기가 다 썩어서 냄새 나."

"나중에 내가 버릴 거야. 늦기 전에 학교 가야지."

나카무라는 일어서려고 무릎을 세우다 뒤로 벌러덩 넘어지고 말았다.

"나카무라, 오늘은 일요일이야."

"일요일?"

"어서 죽 먹고, 약 먹자."

"엄마, 커튼 좀 걷어 줘."

엄마가 작고 노란 꽃이 잔뜩 핀 커튼을 젖히자 언제 비가 내렸냐는 듯 햇살이 쏟아졌다. 언뜻 보이는 하늘은 광목 홑청처럼 팽팽하고 깨끗했다. 나카무라는 유리창을 뚫고 들어온 햇살에 어지럼증이 생겨 저절로 고개가 숙여졌다.

"참, 마쓰이가 왔다 갔어."

엄마가 죽을 떠 나카무라 입에 넣어 주며 말했다.

"마쓰이가? 왜?"

"너 때문에 마쓰이가 걔네 아버지한테 많이 혼났어."

"나 때문에?"

쌍칼이 마쓰이에게 어떻게 했을지 보지 않아도 눈에 선했다.

"엄마, 마쓰이 좀 불러 줘. 지금 바로."

"아직도 몸이 불덩인데……."

"꼭 부탁할 게 있어서 그래."

"그럼, 이거 다 먹으면 불러 줄게."

나카무라는 입이 깔깔했지만 죽을 먹은 다음, 약을 먹고 다시 자리에 누웠다. 머리가 무겁고 어지러워 계속 앉아 있기가 힘들었고, 자꾸 졸음이 몰려왔다.

"엄마, 연필하고 종이 좀 내려 줘."

"나카무라, 무리하면 안 돼."

엄마가 연필과 종이를 나카무라 앞에 놓으며 말했다.

"마쓰이 오면 깨워 줘야 해, 꼭."

"알았어."

엄마는 이불을 턱 밑까지 끌어올려 주고 방을 나갔다. 나카무라는 어

지러워 앉아 있기가 힘들었지만 벽에 등을 기대고 연화에게 쓸 말을 생각했다. 그렇게 얼마 지나자 누군가가 문을 똑똑 두드렸다. 마쓰이였다.

"나카무라?"

나카무라는 마쓰이 얼굴을 똑바로 바라보지 못했다. 마쓰이 역시 고자누룩한 얼굴로 문 앞에 서서 방바닥만 내려다보았다.

"마쓰이, 미안해."

"좀 괜찮아?"

"응."

나카무라는 눈물이 핑 돌았다.

"제암리에 갔다 왔는데…… 나 너무 슬퍼."

나카무라는 참았던 눈물을 쏟았다.

"마쓰이, 난 왜 일본인으로 태어났을까? 연화는 절대로 나 따위는 좋아하지 않을 거야. 그치?"

연화 생각만 하면 서러워 자꾸만 눈물이 나왔다.

"연화가 누군대?"

"하나꼬랑 가장 친한 동무야. 제암리에 살아."

"단발머리에 눈 큰 애? 싸움닭 바위 주인 맞지?"

나카무라는 천천히 고개를 끄덕였다.

"난 절대 우리 아버지 같은 사람은 되지 않을 거야, 절대로."

"나도 절대 우리 아버지 같은 사람은 되지 않을 거야."

마쓰이도 울음을 삼키는지 아랫입술을 꽉 깨물며 말했다.

"순이네 아버지가 우리 아버지 밑에서 일하는 걸 알고 진짜 기뻤어. 순이가 나를 미워하게 된 건 우리 아버지가 순사보였기 때문이니까. 이제 순이도 나랑 처지가 같아졌으니까 잘 지낼 수 있을 거라 생각했거든. 그런데 순이는 하나꼬가 아니라 순이였어."

마쓰이 볼에도 눈물이 주르륵 흘러내렸다.

"나카무라, 나 오늘부터 조용국이야. 용감할 용(勇)에 나라 국(國). 나라에 필요한 용감한 사람이 되라고 우리 할아버지께서 지어 주신 이름이야."

"용국, 순이, 연화. 용국, 순이, 연화······."

나카무라는 동무들 이름을 몇 번씩 불러 보았다. 이름에서 참꽃 향기가 나는 것 같았다.

"마쓰이, 아니 용국아, 부탁이 있어. 연화에게 전해 줄 편지를 써 줘."

"편지?"

"조선말을 몰라서. 내 대신 꼭 써 줘."

용국이는 눈을 휘둥그레 뜨고 나카무라를 바라보았다.

"내가 아프지만 않다면 직접 갈 텐데. 편지 써서 연화에게 꼭 전해 줘. 이건 우리 둘만의 비밀이야."

"넌······."

"일본 사람인 내가 왜 이러냐고? 그냥…… 이게 옳은 일인 것 같아서."

"옳은 일?"

"우리 아버지나 너희 아버지가 하는 일은 나쁜 일이니까. 그게 이유야."

나카무라는 힘주어 말하고는 용국이에게 쪽지와 연필을 내밀었다.

"김만복을 조심해. 김만복……."

용국이는 나카무라가 부르는 대로 받아 적었다.

"꼭 연화에게 전해 줘."

"알았어."

용국이는 쪽지를 주머니에 넣고 계단을 내려갔다.

연화는 다래끼를 들고 아기를 업었다. 그러고는 연수와 연자를 데리고 집을 나섰다. 일요일엔 예배가 끝난 뒤 공부 시간이 없어 봄나물이라도 뜯을 참이었다.

교회 앞에서 할아버지와 헤어졌다. 할아버지는 바위에게 먹일 미꾸라지를 잡으러 곧장 논으로 갔다. 연화는 아기가 울면 얼른 밖으로 나가야 해서 맨 뒷자리에 앉았다.

"오늘은 아주 기쁜 소식을 가져왔습니다. 수촌리, 고주리, 화수리 마을 사람들이 왜놈 집을 불태우고 왜놈 순사부장을 죽였다고 합니다."

오랜만에 안 목사의 목소리에 기쁨이 넘쳤다.

"대한 독립 만세!"

"대한 독립 만세!"

만세 소리에 놀란 아기가 칭얼거려 연화는 얼른 밖으로 나왔다. 이리 저리 왔다갔다하며 아기를 어르는데, 머리칼을 짧게 잘라 밤송이처럼 생긴 낯선 사내아이가 손짓으로 연화를 불렀다. 낯이 익기는 한데 누군지 좀처럼 알 수 없었다. 연화는 어떻게 해야 할지 망설이다 늘쩡거리며 주변을 살폈다.

연화가 가까이 가자 사내아이는 나직한 목소리로 속삭이듯 물었다.

"뭐 하나 물어 봐도 돼?"

"으, 응."

"너, 연화 맞지?"

"맞는데……."

그러자 사내아이가 쪽지를 내밀었다.

"주머니칼 준 애 알지? 그 애가 너한테 전해 주랬어."

"이걸 왜?"

"지금 많이 아파서 내가 대신 온 거야. 얼른 받아."

아이의 재촉에 연화는 쪽지를 건네 받았다.

"내 이름은 용국이야. 너 하나…… 아니 순이 알지?"

순이라는 이름이 용국이 입에서 튀어나온 순간, 연화 마음에 자리 잡앉던 불안감이 걷혔다.

"너, 아! 순이네 대문 앞에 서 있던……?"

"맞아."

"둘이 싸운 것 같더니, 화해한 거야?"

"응."

용국이가 머리를 긁적이며 웃었다.

"참, 너희 닭 싸움터에서 만나기로 했다며? 그 날 만나면 꼭 쪽지 받았다고 얘기해 줘."

"알았어."

"그럼 간다. 참, 걔가 널 좋아한다는 말도 전해 달랬어. 널 많이 좋아한댔어."

용국이가 후다닥 달음질을 쳤다.

"잠깐만……."

그 아이가 얼마만큼 아픈지, 그 아이 집이 어딘지 물어 보려고 했지만, 용국이는 이미 넙데데한 뒤통수를 내보이며 가풀막진 길을 저만치 내려간 뒤였다.

둔덕을 돌아가는 용국이를 물끄러미 바라보던 연화는 아기의 칭얼거리는 소리에 퍼뜩 정신을 차렸다. 연화는 아기 엉덩이를 토닥거리며 어르고는 쪽지를 폈다.

김만복을 조심해.

김만복이 주재소 습격을 고자질했어.

김만복 때문에 죽었어.

또 무슨 나쁜 일을 꾸미고 있어.

제암리를 쓸어 버린댔어.

내 말 꼭 믿어 줘.

"연화야!"

누군가 부르는 소리에 연화는 순간적으로 쪽지를 움켜쥐며 돌아보았다. 덕칠 오빠가 감때사나운 얼굴로 쪽지를 움켜쥔 연화 손을 노려보았다. 언제나 맘씨 좋은 흥부 얼굴을 하고 있는 오빠의 화난 모습이 낯설고 무서웠다.

"그게 뭐야?"

"아, 아무것도 아니야."

"저 자식이 준 거니? 너야? 너였어?"

"나라니……?"

부릅뜬 덕칠 오빠 눈에서 불꽃이 이글거렸다.

"저 녀석에게 주재소를 습격한다고 말해 줬니?"

"무슨 말이야, 오빠?"

"몰라서 물어? 저 녀석이 누군지 모른단 말이야?"

"용국이랬어. 요, 용국이."

연화는 말까지 더듬거리며 덕칠 오빠를 바라보았다. 덕칠 오빠는 여전히 성난 얼굴로 연화를 노려보았다.

"저 녀석이 바로 쪽바리 앞잡이, 쌍칼 아들이야."

"쌍칼?"

"그래."

연화는 커다란 바위로 머리를 한 대 얻어맞은 듯 순간적으로 정신이 멍해져 다리가 휘청거렸다. 그렇다면 그 아이도……. 더 이상의 상상이 두려워 연화는 세차게 고개를 저었다.

"이리 내!"

"오빠……."

"연화, 너 쪽바리 끄나풀이고 싶어?"

덕칠 오빠는 손톱이 살을 파고 들 정도로 연화의 손목을 꽉 움켜쥐고 흔들었다. 버틸 짬도 없이 주먹에 힘이 풀리며 쪽지가 툭 떨어졌다. 덕칠 오빠가 쪽지를 이내 주워 들고 읽었다.

"저 녀석이 준 거 맞아?"

고개를 주억거리면서 연화는 자기가 심판을 받는 죄인 같다는 생각이 들었다.

"연화야, 바른 대로 말해 봐."

"그게……."

"사실대로 말해. 그래야 죽은 천태 삼촌 원수를 갚을 수 있어."

연화는 복주머니에서 또 한 장의 쪽지를 꺼내 오빠에게 내밀었다. 그 애가 준 칼에 대해서는 말하지 않는 게 좋을 것 같았다. 아직 확실한 것도 아니고, 장날 만나 돌려 주면 되니까.

"이건 뭐야?"

"용국이, 쌍칼 아들, 동무가 준 거야."

"그놈 동무는 또 뭐야?"

"그 아이가 아파서 자기가 대신 심부름 온 거래."

"어디 사는 누군대?"

대답 대신 연화는 고개를 저었다.

"닭 싸움터에서 가끔 봤어. 며칠 전에 뒷산에서 우연히 만났는데, 말 못 하는 벙어리였어."

"벙어리? 쪽바리는 아니고?"

"쪽바리는 절대 아니야."

그 아이를 보며 쪽바리라는 단어를 떠올린 적은 한 번도 없었다. 말 못 하는 게 안타까웠고, 가지런한 하얀 이를 드러낸 채 웃는 모습이 좋아 보였을 뿐이었다.

"장날 닭 싸움터에서 만나기로 했어. 왜 쪽지를 나한테 준 건지 그 때 자세히 물어 보려고 아무에게도 얘기하지 않았어."

"이거 오빠가 가지고 있어도 되지? 무슨 음모가 숨어 있는 게 틀림

없어."

"오빠, 무서워."

"너무 걱정하지 마, 다 잘 될 거야. 어서 들어가자."

덕칠 오빠가 연화 손을 잡아끌었다. 선잠 깬 아기가 다시 칭얼거렸다. 아기 울음을 방패삼아 연화는 다래끼를 들고 집으로 허겁지겁 되돌아왔다.

'쪽바리는 아닐 거야. 절대로…….'

연화는 한 발 한 발 내디딜 때마다 그 아이가 쪽바리가 아니길 간절히 빌었다. 쪽바리와 조선 사람은 물과 기름처럼 절대 하나로 섞일 수 없다는 걸 귀에 못이 박히도록 듣고 자란 연화였다. 잠든 아기를 방에다 누이고 복주머니에서 주머니칼을 꺼냈다. 장날 그 아이를 만나면 이름이 뭔지, 어디에 사는지…… 그리고 모든 걸 자세히 물어 보리라.

피 흘리는 태극기

　잠을 푹 자고 일어나서 그런지 나카무라는 열도 내리고, 머리도 한결 맑았다. 이대로라면 내일 닭 싸움터에 갈 수 있을 것 같았다.
　'연화와 몇 시에, 어디서 만날지 정확하게 약속할걸.'
　나카무라는 후회가 되었다.
　이제 몇 송이밖에 남지 않은 산수유 꽃병을 창가로 옮기던 나카무라는 꽃병을 얼른 책상 위로 도로 가져갔다. 조선인을 총으로 쏘던 이틀 전 그 날처럼 총을 든 군인과 경찰들이 주재소 입구며, 구석구석을 지키고 서 있었기 때문이다.
　"나카무라, 좀 좋아졌니?"
　아침 밥상을 든 엄마가 들어오며 봄 햇살처럼 맑은 목소리로 물었다.
　나카무라는 죽은 조선인이 읍내에 내걸린 걸 본 뒤, 되도록 아버지와 마주치지 않으려고 했다. 일본에 있을 때 나카무라는 아버지를 세상에서 가장 훌륭한 사람이라고 생각했다. 그러나 그 믿음은 산산조각 나고 말았다. 조선 사람을 죽인 대가로 아버지는 발안 장터를 대표하는 일본인 회장이 되었고, 일본인들에게는 존경받는 사람이 되었다. 나카무라에게만은 세상에서 가장 인자한 웃음을 지어 보이던 아버지는 날이 갈수록 피 냄새를 짙게 풍겼다.

그래서 나카무라는 머리 아픈 것도 없어지고, 열도 내렸지만 여전히 아프다는 핑계를 대며 아버지와 함께하는 식사를 피해 왔다. 그런 나카무라가 걱정이 된 아버지가 나카무라의 손을 꼭 잡고 짧은 기도를 올릴 때는 온몸에 뱀이 기어 다니는 것 같았다.

"나카무라, 아직도 아프니?"
"엄마, 무슨 일 있는 거야?"
"또 주재소를 습격한다는구나."
"누가 그래?"
"아버지께 직접 들었어."
엄마 목소리에 짜증이 묻어났다.
"제암리 사는 우두머리가 김만복에게 직접 전해 줬대."
"김만복?"
"왜 있잖아. 순사보 조희창과 같이 다니는 김만복."
엄마가 밥 한 숟가락을 뜨며 말했다.

비밀 쪽지가 연화에게 전해지지 않은 게 분명했다. 나카무라는 마쓰이에게 놀아났다고 생각하니 온몸이 부르르 떨렸다. 쌍칼 아들인 마쓰이를 믿은 게 바보였다. 제 나라를 배신한 아버지, 그 아버지의 아들 말을 믿다니…….

"나카무라, 이것 좀 먹어 볼래? 네가 좋아하는 굴비란다."

노르께한 굴비가 입을 떡 벌린 채 나카무라를 노려봤다.

'날 먹으려고 죽였지!'

굴비가 소리치는 것 같아 나카무라는 뒷걸음치며 책상을 짚었다. 그 바람에 꽃병이 바닥으로 떨어지며 산산조각 나고, 산수유 꽃잎이 어지럽게 흩어졌다. 나카무라는 연화가 내팽개쳐진 것 같아 산수유 가지를 허겁지겁 주웠다.

"앗!"

유리 조각에 찔린 발바닥에서 붉은 피가 뚝뚝 떨어졌다.

"나, 나카무라! 움직이지 마."

깜짝 놀란 엄마가 후다닥 계단을 내려가더니 약 상자를 들고 왔다.

발바닥을 감싸 쥐었지만 계속 피가 났다. 피를 멎게 하는 가루약을 뿌렸는데도 피는 바닥으로 주루룩 흘러내렸다. 꽤 깊이 찔린 모양이었다. 붕대를 감는 엄마 눈에서 흐른 눈물이 피 위로 떨어졌다. 바늘 끝으로 살을 콕콕 찌르는 듯한 아픔이 계속되었지만 나카무라는 힘주어 아랫입술을 꽉 깨물었다.

"나카무라, 많이 아프지?"

발바닥을 찔렸을 뿐인데 엄마가 울었다.

"엄마, 내가 죽으면 어떨 것 같아?"

"그런 말하면 못 써."

"아버지는 조선 사람을 함부로 죽이잖아."

"나카무라, 조센징과 우리를 비교하다니. 조센징은……."

"말하는 짐승?"

"너, 신경이 너무 예민해진 것 같구나. 이제 피가 멎었으니 자고 일어나면 기분이 한결 좋아질 거야."

나카무라는 엄마 말대로 자리에 누웠다.

나카무라가 겨우 정신을 차린 건 창밖이 어둑어둑해진 밤이었다. 지금 막 집으로 돌아왔는지 군복 차림인 아버지가 붕대 감긴 나카무라의 발을 잡고 있었다. 나카무라는 힘주어 눈을 감았다. 엄마 목소리가 들려 왔다.

"주재소는요?"

"아무 일 없었으니 안심해요."

부드러운 목소리로 아버지가 대답했다.

"저번에는 죽기를 작정하고 뛰어들더니, 웬일이래요?"

"열두 시 정각에 제암리 산에서 연기가 나긴 났지."

"그래서요?"

"내걸린 시체가 무서웠던지, 쥐새끼 한 마리 나타나지 않더군. 조센징!"

특히 힘이 실린 조센징이라는 말이 나카무라 가슴을 유리 조각처럼 파고들었다.

"다행이네요. 그만 내려가서 쉬세요."

아버지가 몸을 일으키자 가슴에 달린 훈장이 쫘르르 부딪히며 소리를 냈다.

아버지와 엄마가 사분사분 내려가는 소리를 들으며 나카무라는 눈을 떴다. 아무도 죽지 않았다니 다행이었다. 이틀 전처럼 기름을 지고 불 속으로 뛰어드는 어리석은 짓은 하지 않은 모양이었다.

나카무라는 어둠에 익숙해지자 책상 쪽으로 걸어갔다. 연화가 준 산수유꽃은 엄마가 내다버린 모양이었다. 알 수 없는 슬픔이 파도처럼 몰려들었다.

"우린 왜 원수로 만난 거니…… 연화야!"

나카무라는 책상 위로 얼굴을 떨군 채 몸 속 가득 차 있는 눈물을 꾸역꾸역 토해 냈다.

드디어 바위가 사사까 닭과 한 판 싸움을 벌이는 날이 왔다.

아침 상머리에 둘러앉은 식구들은 아무도 입을 열지 않았다. 연화는 할아버지와 아버지의 눈치를 살폈지만 짓누르는 무거움의 정체가 뭔지 알 수 없었다.

 할아버지가 숟가락을 들자 슬근슬근 눈치를 살피던 동생들은 그제야 나물죽을 먹었다.

 "아버지요, 바위는 제가 들고 가겠습니다."

 "일 없다."

 "아버지……."

 "내 일은 내가 알아서 할 테니까, 넌 네 일이나 잘 처리해라."

 할아버지 대답은 칼날 같았다.

 상에서 물러나 무릎걸음으로 장롱 앞까지 간 할아버지는 눈을 감고 크게 한숨을 내쉬었다. 그러고는 누런 삼베에 싼 물건을 저고리 깊숙이 넣었다.

 "그게 뭐예요?"

 "아무것도 아니다."

 "아무것도 아니면 보여 주세요."

 연화와 동생들이 할아버지 앞으로 바투 다가앉았다. 아버지의 홉뜬 눈이 연화 얼굴에 내리꽂혔다. 연화는 애써 그 눈 화살을 못 본 척 피했다.

 "궁금하냐?"

 "네."

 "희망이다!"

할아버지는 뜻 모를 얘기만 하고 자리에서 벌떡 일어났다. 그러고는 구김 한 점 없는 두루마기를 입고 중절모를 눌러 썼다.

"참, 너희는 절대로 장터 가까이에 얼씬도 하지 마라."

"왜요?"

연화와 동생들이 동시에 물었다.

"하여튼, 절대로 장터에 와서는 안 돼."

"바위가 사사까 닭하고 싸우는데 응원 가야죠."

"우리 바위가 틀림없이 이길 테니 걱정하지 마라."

"할아버지……."

뒤꼍으로 가는 할아버지 뒤를 쫓으며 그 이유를 물었다. 할아버지는 바위를 담은 다래끼를 어깨에 메었다.

"할아버지?"

"연화야, 넌 이 땅의 주인이란 걸 잊으면 안 된다."

할아버지가 연화 손을 꼭 잡았다. 거칠거칠하지만 겨울날 아랫목처럼 따뜻한 할아버지의 손.

"바위야, 꼭 이겨야 해."

할아버지에게 할 말을 찾지 못한 연화는 바위 목을 쓰다듬으며 사립문까지 따라 나갔다. 할아버지는 뒤도 한 번 돌아보지 않고 장터로 갔다.

엄마 역시 연화에게 설거지를 맡기더니 장에 갈 채비를 서둘렀다. 엄마와 아버지도 깨끗한 옷으로 갈아 입었다.

"설거지 끝내놓고 나도 가면 안 돼요?"

"안 돼."

"왜요?"

"집에 꼼짝 말고 있어! 알았지?"

"네……."

연화는 엄마가 윽박지르는 바람에 할 수 없이 대답하고 말았다. 엄마는 끓인 죽을 때맞춰 아기에게 주라고 일러 주고는 아버지와 함께 장터로 갔다.

마을에는 아이들만 남아 있었다. 아기를 들쳐 업은 연화는 동생 둘을 줄줄이 데리고 교회로 갔다. 연화보다 먼저 온 아이들이 시끌벅적 바위 얘기를 하고 있었다. 안 목사도 장에 갔는지 보이지 않았다. 정말 마을에는 아이들만 남은 모양이었다.

"연화, 너도 못 가게 했구나."

"응. 우리 바위가 반드시 이길 거야."

연화는 다부지게 말했다.

"물론이지. 지난 번 쌍칼 얼굴 봤지? 꼭 똥 씹은 표정이더라. 하하하!"

모두 크게 웃었다.

"가 보자!"

"오지 말라고 했는데. 들키면…….."

"가고 싶은 사람, 여기 붙어라!"

덕칠 오빠가 치켜세운 엄지손가락에 만식이와 창배가 붙자, 뭉그적거리던 아이들이 와, 하고 달려들었다.

"여자들은?"

"난 꼭 가야 해."

연화가 얼른 대답했다.

"좋아. 여자 대표로 연화만 가고, 나머지는 여기서 아기들 지켜."

덕칠 오빠가 대장처럼 큰 소리로 말했다.

"가마니 한 장씩 가져와."

"가마니는 왜?"

"어른들 눈에 띄면 얼른 가마니로 얼굴 가리게. 만약에 들키면 아주 급한 일로 전할 게 있어 왔다고 말해."

다시 교회 앞 나무에서 만나기로 하고 서둘러 흩어졌다. 연화는 잠든 아기를 방에 눕혀 놓고는 복주머니에 든 주머니칼을 확인했다. 함께 가겠다고 징징대는 동생들을 간신히 떼어 놓고 교회로 달음질쳤다. 가마니를 등에 뒤집어 쓴 가마니 부대가 장터로 향했다.

내 주머니 양반 중

덕칠 오빠가 먼저 노래를 부르기 시작했다.

길영수가 닷 돈 먹고
일진회가 닷 돈 먹고
쪽바리가 닷 돈 먹어
양반은 없소

아이들은 목청껏 노래를 부르며 장터로, 장터로 나아갔다.

길이 합쳐지는 곳에 다다르자 윗마을 아이들도, 건넛마을 아이들도 서너 명씩 무리를 지어 장터로 향하고 있었다. 이렇게 물밀 듯 몰려가면 어른들도 집으로 돌아가라는 말은 못 할 것 같았다.

장터 입구에 도착하자마자 연화는 눈만 내놓고 가마니를 뒤집어썼다. 나무 말뚝에 매달려 있는 천태 삼촌의 얼굴을 보지 않으려고 고개를 돌렸다. 오늘따라 장터에는 사람들이 유난히 많았다.

"이제부터 각자 흩어지자."

덕칠 오빠 말에 아이들은 우르르 사방으로 흩어졌다. 연화는 닭 싸움터로 종종걸음을 쳤다. 그 아이가 벌써 와 있을지도 모른다는 생각에 마음이 급해졌다.

연화는 가마니를 뒤집어 쓴 채 닭 싸움터에 쪼그리고 앉아 그 아이를 찾았다. 바위와 사사까 닭과의 한 판 싸움을 보러 온 사람들이 꾸역꾸역 몰려들었다. 연화는 여러 겹으로 둘러 처진 원을 천천히 두 바퀴나 돌았다.

조심조심 원 안으로 기어 들어가 보니, 허리에 칼과 총을 찬 경찰들과 발안 주재소 소장이 사사까를 빙 둘러 서 있었다. 철렁, 가슴에서 돌덩이가 떨어져 내렸다. 할아버지는 바위에게 미꾸라지를 던져 주었다. 쌍칼이 뭐라고 사사까에게 말하면서 다래끼에 든 닭에게 미꾸라지를 먹였다.

연화는 맞은편을 찬찬히 훑었다. 팽나무 밑에서 만나자고 못박을걸, 하는 후회가 밀려왔다. 팽나무 밑에는 그 아이 대신 순이네 아버지가 서 있었다.

"지금부터 사사까 대장님 닭과 바위의 한 판 싸움을 시작하겠습니다!"

심판의 구령에 와, 하는 함성과 박수가 터져 나왔다. 연화는 가마니를 뒤집어쓴 채 어른들 다리 사이에 쪼그리고 앉았다.

할아버지가 바위를 안고 한가운데로 걸어 나왔다. 앉아 있던 사사까가 커다란 다래끼에서 닭을 집어 올렸다.

"와아아!"

경찰들이 손뼉을 쳐 댔다.

사사까의 닭은 바위보다 배는 컸다. 그리고 엄발도 헝겊으로 동여매지 않았다. 사사까가 야비한 웃음을 흘리며 천천히 할아버지 앞으로 다가갔다. 꼬끼오, 바위가 사사까의 닭을 노려보며 목에 핏대를 세웠다. 사사까의 닭 역시 목 깃털을 빳빳하게 세웠다. 바위와 사사까의 닭은 당장이라도 달려들 기세로 서로 노려보았다.

"엄발을 매셔야……."

심판의 말에 사사까가 말허리를 뚝 자르고 말했다.

"하나, 엄발을 동여매지 않는다. 둘, 상대 닭이 죽을 때까지 싸운다. 이게 내 법이다. 으하하하!"

사사까의 웃음소리에 사람들은 꿀 먹은 벙어리처럼 입을 다물었다. 침 삼키는 소리까지 들릴 정도로 사람들은 긴장한 채 닭 싸움터 한가운데로 눈동자를 고정시켰다.

"그럼…… 제가 손을 번쩍 올리면 닭을 바닥에 놓는 겁니다."

심판이 사사까 눈치를 살피며 손을 치켜들었다.

"꼬끼오!"

할아버지가 바위를 내려놓으려는 순간이었다. 사사까 닭이 비겁하게 부리로 바위 목덜미를 쪼았다. 그 주인에 그 닭이었다.

"나쁜 놈."

연화는 자기도 모르게 욕이 튀어나왔다. 금세 바위의 청록빛 목덜미에서 붉은 피가 뚝뚝 떨어졌다. 피를 본 사사까 닭은 미친 듯이 울음을 내지르며 푸드덕 뛰어올랐다. 그러더니 바위를 향해 돌진했다. 연화는 두 눈을 질끈 감고 말았다.

"와하하하!"

사람들의 웃음소리에 눈을 떠 보니 나자빠진 사사까 닭이 무거운 몸을 일으켜 세우느라 버둥거리고 있었다.

'공격해, 바위야!'

연화의 간절한 마음과는 달리 바위는 사사까 닭이 일어설 때까지 둘레를 빙글빙글 천천히 돌았다. 뺑뺑이를 시작하겠다는 신호를 보내고 있는 것이다. 사사까가 자리에서 벌떡 일어났다. 할아버지는 무표정한 얼굴로 뒷짐을 진 채 바위를 바라보고 있었다. 조금씩 빨라지는 바위의 걸음처럼 연화 마음 속 방망이질도 빨라졌다.

바위 걸음이 좀더 빨라졌다.

"바위야……."

빨리, 조금 더 빨리, 점점 더 빨리. 바위가 뺑뺑이를 한 번 하고 나면 기운이 쏙 빠질 정도로 힘겹다는 걸 연화도 잘 알고 있었다. 바위를 따라 빙빙 돌던 사사까 닭이 한순간 비틀거렸다. 그 순간, 바위가 펄쩍 뛰어오르더니 엄발로 사사까 닭 대가리를 냅다 후려쳤다.

"끼르륵, 끼르륵, 끼……."

사사까 닭이 바닥에 머리를 박고 엎어졌다. 얼굴 가득 피가 뚝뚝 떨어졌다. 터질 듯한 웃음을 참느라 사람들은 고개를 숙였다.

"이놈의 닭!"

정말 눈 깜짝할 사이였다. 사사까가 휘두른 칼에 닭대가리가 떼구르르 굴러 떨어졌다. 검붉은 피가 사방으로 튀었다.

"생명을 그렇게 함부로 다루셔야 되겠습니까?"

"그 입 다물라! 조센징!"

"나는 조센징, 당신은 쪽바리. 나라를 도적 손에 팔아 버린 조센징, 남의 나라를 함부로 짓밟는 쪽바리."

할아버지는 눈썹 하나 까닥하지 않고 사사까를 노려보았다. 어느 틈에 칼을 빼어든 쌍칼이 사사까 옆에 서 있었다.

"죽으면 흙으로 돌아갈 목숨이 아까운가? 희창이, 지금이라도 늦지 않았어. 조선 사람으로 살아가게나."

"입 닥쳐!"

"희창이, 이제 더 이상 내 부모, 내 형제가 흘린 피와 눈물로 먹고살지 말게나."

할아버지의 웃는 눈이 머문 곳에 순이 아버지가 장승처럼 우뚝 서 있었다. 할아버지는 결심이라도 한 듯 두루마기의 고름을 풀어헤친 뒤, 저고리 속에서 삼베로 싼 걸 꺼냈다. 태극기였다. 사사까가 움찔 한 발짝 물러서며 총을 뽑아들었다.

"이 도둑놈들, 썩 물러가지 못할까! 대한 독립 만세!"

태극기를 번쩍 치켜든 할아버지가 만세를 불렀다. 할아버지가 희망이라 말했던 태극기를 힘차게 흔들었다.

"대한 독립 만세!"

할아버지를 따라 사람들이 가슴 속에서 태극기를 꺼내 만세를 불렀다. 삽시간에 장터는 만세 소리로 뒤덮였고, 태극기 물결이 거대한 파도가 되어 일렁였다.

"모두 흩어져라!"

탕, 사사까가 하늘을 향해 총을 쏘며 고함을 내질렀다. 그러나 그럴수록 사람들 만세 소리는 더 거세졌다.

"조센징, 모두 죽여 버려!"

사사까의 명령이 떨어지기가 무섭게 경찰과 군인들이 사람들을 향해 가죽 채찍을 휘둘렀다. 그들은 고삐 풀린 망아지처럼 길길이 날뛰며 닥치는 대로 짓밟았다. 하나 둘, 사람들이 쓰러졌다. 장터는 만세 소리, 비명 소리로 가득 차 아수라장으로 변했다.

"이 땅이 누구 땅인데…… 썩 물러가라! 대한 독립 만세!"

할아버지의 외침은 쓰러진 사람들을 벌떡벌떡 일어나게 만들었다.

탕, 탕, 탕!

사사까가 다시 총을 쏘았다.

"모두 죽여 버려!"

총알은 할아버지의 가슴을 뚫고 지나갔다. 태극기가 바닥으로 떨어지고, 그 위로 할아버지의 뜨거운 피가 뚝뚝 떨어져 내렸다.

"저기 쌍칼이 있다. 죽여라!"

"쌍칼이 도망간다. 잡아라, 잡아!"

성난 사람들이 도망치는 쌍칼을 뒤쫓았다.

"한, 한 번만 살려 줘."

"더러운 쪽바리 앞잡이는 죽…….."

탕탕탕, 사사까가 쏜 총에 사람들이 쓰러졌다. 경찰과 군인들은 사람들을 짓밟았고, 총과 칼과 채찍이 춤을 추자 더 많은 태극기가 피를 흘렸다. 그 틈에 쌍칼은 성난 사람들을 피해 미꾸라지처럼 몸을 숨겼다.

불타는 제암리 교회

1919년 4월 5일 발안 장날, 경찰과 군인들이 죽고 일본인 집도 여러 채 불탔다. 그걸 문제 삼은 일본은 만세를 선동한 죄를 뒤집어씌워 살아남은 사람들을 감옥에 가뒀다. 그리고 시신조차 찾아가지 못하게 했다. 그렇게 따지면 경찰과 군인들이 휘두른 총칼 앞에 더 많은 목숨을 잃은 건 조선인들인데도 말이다.

마을로 돌아온 사람들은 감옥에 갇힌 사람들을 구하기 위해 밤마다 산에 봉화를 올렸고, 매일 일본인 집을 한 채씩 불태웠다. 그러자 여드레 만에 사람들은 감옥에서 풀려 나왔고, 시신도 찾아올 수 있었다.

그 날 저녁, 할아버지와 죽은 사람들은 상여도 타지 못한 채 거적에 둘둘 말려 뒷산으로 향했다.

"꼬끼오!"

바위가 할아버지를 싼 거적 위로 날아올랐다. 마치 할아버지의 죽음을 아는 것처럼, 그 동안 물 한 모금 입에 대지 않아 기운이 하나도 없던 바위였다.

"꼬끼오!"

할아버지 가시는 하늘 길을 밝혀 주기라도 하듯 바위는 산에 도착할 때까지 슬프게 울었다. 우리도 모두 따라 울었다.

"할아버지, 꼭 독립을 이루겠어요."

"독립하는 그 날까지 꼭 지켜 보셔야 해요. 알았죠?"

알았다, 알았다 대답하듯 할아버지 대신 산꿩이 울었다. 사분사분 어둠이 내리자 모두 무덤 곁에서 일어났다. 그러나 바위는 할아버지 무덤 위에 서서 다시 울었다.

"바위야, 내일 또 오자."

연화가 잡으려고 손을 뻗었지만 바위는 요리조리 피할 뿐 좀처럼 무덤에서 내려오지 않았다.

"그냥 두고 가자. 할아버지와 함께한 시간이 얼마냐……."

아버지가 앞장서서 산을 내려갔다. 어둡고 차가운 땅 속에 혼자 누워 있을 할아버지에게 바위가 말벗이라도 해 줄 거라 생각하니 산을 내려오는 마음이 조금은 가벼웠다.

할아버지는 집 안 곳곳에 흔적을 남겨놓았다. 한쪽 날이 닳은 괭이, 손때 묻은 빗자루, 헛간에 둘둘 말린 새끼줄만 봐도 자꾸 눈물이 쏟아졌

다. 잠자리에 누웠는데도 곰방대를 문 할아버지가 담배 연기를 모락모락 피워 올릴 것만 같았다. 할아버지가 없는 외로움을 달래느라 연화는 늦게야 잠이 들었다.

연화는 늘 듣던 바위 울음소리 대신 엄마가 깨우는 소리에 벌떡 일어났다. 벌써 밖이 훤했다.

"바위는요?"

"아버지가 데리러 갔는데 아직 안 오시네."

연화는 엄마 등에 업힌 아기를 받아 업고 사립문 밖으로 나갔다. 뎅뎅뎅, 교회 종소리가 울렸다.

"많이 아픈가 봐……."

혼잣말을 중얼거렸다. 연화는 그 아이가 장터에 오지 않은 게 천만다행이라고 생각했다.

"주머니칼을 돌려 줘야 하거든."

연화는 아기를 보며 어색하게 웃었다. 그 때 아버지 혼자 골목길을 걸어오고 있었다.

"바위는요?"

"죽었다……."

"네? 우리 바위가 죽었다고요?"

연화는 아버지 얘기가 믿기지 않아 다시 물었다.

"할아버지 곁에 묻어 주고 오는 길이다."

"그럴 리 없어요!"

"연화야, 연화야!"

아버지가 불렀지만 연화는 대답도 하지 않고 뒷산으로 달려갔다.

"바위야!"

그 어디에도 바위는 없었다. 그 대신 할아버지 무덤 옆에 작은 무덤이 혹처럼 달려 있었다. 연화는 참꽃을 꺾어 무덤가에 놓아 주었다.

"할아버지와 함께 있으니까 행복하지?"

꼬끼오! 바위가 우렁찬 목소리로 대답하는 것 같았다. 아기가 칭얼대는 바람에 정신을 차린 연화는 그제야 산을 내려왔다.

집으로 가는 골목으로 막 접어드는 순간, 연화는 사사까와 쌍칼이 거느리고 온 경찰들과 맞닥뜨리고 말았다. 쿵쿵, 숨을 쉬지 못할 정도로 가슴이 방망이질을 해 댔다.

"너도 오후 두 시에 꼭 교회로 오너라. 아주 좋은 일이 있을 테니. 으하하하!"

사사까가 소름 끼치게 웃으며 지나갔다.

나카무라는 발에 감았던 붕대를 풀었다. 자전거를 타는 데는 아직 무리였지만 걷는 데는 별 이상이 없었다.

장날 일어난 시위는 요즘 들어 가장 큰 시위였다. 연화가 닭 싸움터에서 기다리다 잘못된 게 아닐까, 별별 생각이 다 들었다. 나카무라는 도저히 방에 누워 있을 수가 없었다. 엄마가 말리는 걸 마쓰이한테 갔다 오겠다는 핑계를 대고 간신히 대문을 빠져 나올 수 있었다.

"싫어, 싫어."

머리를 풀어헤친 거지가 대문을 향해 돌멩이를 휙 던졌다. 나카무라는 하마터면 그 돌에 얼굴을 맞을 뻔했다. 나카무라가 노려보자 거지가 실실 웃으며 다가왔다. 얼굴 가운데에 있는 곰보 자국, 김만복이었다. 김만복은 누구에게 얻어맞았는지 멍들고, 피투성이가 된 얼굴로 나카무라를 노려보았다.

"아저씨?"

"아니야, 싫어. 저리 가!"

"아저씨, 저 나카무라예요, 하나꼬 동무."

"싫어! 싫어!"

김만복은 시커먼 손으로 어깨를 감싸 쥐고 주재소 쪽으로 달아났다. 김만복은 맨발이었다.

나카무라는 정신을 차리고 제암리를 향해 잰걸음을 쳤다. 나카무라가 가쁜 숨을 몰아쉬며 교회에 도착했을 때는 여느 날과 달리 많은 사람들이 모여 마당을 가득 메우고 있었다. 나카무라는 나무 뒤에 숨어 연화를 찾았다.

산수유나무 아래쪽에 연화가 서 있었다. 아기를 업고 있는 아주머니와 이야기를 나누고 있었다. 나카무라는 천천히 연화에게 다가가 어깨를 툭 쳤다.

"넌?"

깜짝 놀란 연화는 주변을 살피며 얼른 그 아이를 교회 밖으로 데리고 나갔다. 덕칠 오빠와 마주치지 않은 게 천만다행이었다. 아니, 마주쳐도 그만이다. 여기까지 온 걸 보면 쪽바리는 당연히 아닐 테니까.

"많이 아팠구나?"

연화 목소리를 듣자 그 아이는 울음을 참으려는 듯 입술을 꽉 깨물었다.

"참, 용국이 편에 보내 준 편지 잘 받았어."

"……"

"그런데 용국이가 진짜로 쌩칼 아들 맞아? 용국이하고 너랑 동무 맞……"

연화 물음이 채 끝나기도 전에,

"저기 사사까가 온다!"

하는 고함이 들렸다.

"진짜 사사까네. 너도 구경하러 온 거지? 저리로 가자."

연화는 가풀막진 길에 먼지를 일으키며 오고 있는 차를 가리키며 아이를 끌었다. 경찰과 군인들이 그 뒤를 따라 오고 있었다. 그걸 본 아이는 얼른 나무 뒤에 숨었다.

불타는 제암리 교회

"무서워하지 마. 사사까가 장날 사람들을 죽인 걸 사과하러 오는 거야."

연화는 그 아이 옆으로 다가가며 말해 주었다.

얼마 뒤, 군복을 단정하게 차려입은 사사까와 쌍칼이 군인 대장쯤 되어 보이는 사람을 따라 천천히 교회 마당으로 걸어 들어왔다. 연화는 아이의 손을 끌고 산수유나무 아래로 갔다.

"사사까 나쁜 놈, 우리 할아버지도 사사까가 죽였어."

연화가 사사까를 노려보며 말했다.

"다들 모였습니까?"

"당장 무릎을 꿇으시오."

사사까를 보며 안 목사가 다그쳤다. 굳은 표정의 언더우드 목사는 기도를 올리는지 눈을 감고 있었다.

"지금부터 이름을 부를 테니 대답하시오."

사사까가 눈짓을 보내자 쌍칼이 얼른 이름을 불렀다.

"안종후!"

"나요."

"강태성, 강태성?"

쌍칼이 거듭 강태성을 불렀다. 그 때 군인 대장이 앞으로 한 발짝 나서며 말했다.

"나는 수원에 주둔하고 있는 제78연대 소속 아리타 중위요. 한 사람도 빠짐없이 모두 모인 자리에서 나를 비롯한 사사까, 순사보 조희창, 군인과 경찰 모두가 확실히 사과할 테니 얼른 불러오시오."

 진심으로 잘못을 뉘우치는 듯한 공손한 말투였다. 아리타의 손에는 성경책이 들려 있었다. 쌍칼이 부지런히 돌아다닌 덕에 사람들이 하나 둘 모여들었다. 아리타가 성경책을 머리 위로 들더니 큰 소리로 물었다.

 "성경의 가르침이 무엇이오?"

 "이웃과 서로 친하게 지내라 했소. 그렇지 않으면 행동한 대로 갚아 준다고 했소."

 안종후 권사가 대답했다.

 "옳은 말이요. 내 친히 성경의 가르침을 실천하려고 왔소. 십오 세 이상 되는 남자들은 모두 교회 안으로 들어가시오. 교회 안에서 정중히 사과하겠소."

 "다들 보는 데서 하시오!"

 안 목사가 되받아쳤다.

 "먼저 교회 안에서 하고, 밖으로 나와서 또 사과하겠소."

 아리타와 사사까, 쌍칼이 교회 안으로 성큼성큼 걸어 들어갔다. 그 뒤를 군인 서너 명이 따라 들어갔다.

 "어서 들어오시오."

 잠시 머뭇거리던 사람들이 안 목사와 지겟작대기를 움켜쥔 아버지 뒤를 따라 교회 안으로 들어갔다. 언더우드 목사가 들어가려고 하자 경찰이 앞을 가로막았다.

"조선인이 아니라 들어갈 수 없소."

언더우드 목사가 뒤로 물러나자 좋은 구경거리를 놓칠세라 사람들이 우르르 교회 안으로 몰려 들어갔다.

"싫어, 싫어. 나도 갈래."

"안 돼. 저리 비켜!"

"싫어. 나도 들어갈 거야."

순이 아버지가 경찰에게 잡혀 발버둥을 쳤다. 장날, 사람들에게 매를 맞아 머리가 돈 순이 아버지는 이 마을 저 마을 거지처럼 떠돌아다녔다.

"나도 저기 들어갈 거야."

"들여 보내!"

사사까가 밖으로 나오며 명령을 내리자 순이 아버지는 좋아하며 교회 안으로 뛰어들어갔다.

얼마 뒤, 아리타 중위와 쌍칼이 밖으로 나왔다.

"지금부터 움직이는 자는 모두 죽여라. 문에다 못 박아!"

사사까의 명령에 경찰과 군인들이 총을 겨눈 채 교회를 에워싸기 시작했다. 망치와 못을 든 경찰이 교회 출입문에다 쾅쾅 못질을 하고, 또 다른 경찰이 교회 둘레에 석유를 뿌렸다.

"무슨 짓이냐?"

밖에 남은 사람들이 소리를 지르며 달려들자 경찰이 탕, 방아쇠를 당겼다.

"아리타 중위, 당신은 엉터리요! 거짓말쟁이요!"

언더우드 목사가 아리타 앞으로 달려들며 소리쳤다.

"목사, 당신 나라 일이 아니니 신경 쓰지 말고 돌아가시오."

"안 목사님 말씀이 맞았어요. 일본, 당신네 나라는 양의 탈을 쓴 늑대였어요. 침략자!"

"으하하하! 우리가 양의 탈을 쓴 늑대라면 당신네 나라는 양의 탈을 쓴 호랑인가?"

"그게 무슨 말이오?"

"당신 역시 하느님 말씀을 전하는 목사이기 이전에 침략자라는 뜻이지. 누구나 다 아는 사실을 가지고 뭘 그리 놀라시오."

"오 마이 갓!"

언더우드 목사가 두 손을 쥐고 눈을 감았다.

"이분을 정중히 모셔다 드려라."

경찰들이 달려들어 언더우드 목사를 교회 밖으로 끌고 나갔다.

"성경 말씀에 행동한 대로 갚으라고 했다. 너희는 우리 대일본제국 신민들과 이웃에 살면서 대일본제국 신민의 집을 습격하고, 불을 질렀다. 너희가 저지른 잘못에 대해 성경 말씀대로 갚아 주려고 한다. 지금부터 한 명도 이 곳을 빠져 나가지 못한다. 대일본제국에 대항하면 어떻게 되는지 똑똑히 보여 주겠다. 불 붙여!"

아리타의 명령이 떨어지자 여기저기에서 불길이 무섭게 치솟았다. 금세 시뻘건 불꽃이 혀를 날름거리며 교회를 삼켰다.

"제발, 이 아이만은 살려 줘요!"

대추나뭇집 아저씨가 창 밖으로 아기를 내놓았다.

"제발, 살려 줘요! 살려 줘!"

"으하하하! 살려 달라고?"

경찰이 창가로 다가가더니 아기를 향해 칼을 휘둘렀다.

"살려 줘! 으악!"

고함 소리와 비명 소리가 교회 문틈을 뚫고 새어 나왔다.

"덕칠 오빠?"

덕칠 오빠가 창문을 통해 밖으로 몸을 허리까지 빼내며 숨을 헐떡거리고 있었다.

탕! 탕! 탕!

총알은 덕칠 오빠 가슴을 정확히 뚫고 지나갔다.

"살려 주세요! 제발, 우리 남편을 살려 줘요!"

엄마가 달려가 사사까의 바짓가랑이를 잡고 울부짖었다.

"죽기 싫으면 비켜!"

사사까가 군홧발로 엄마 가슴팍을 걷어찼다.

"으으윽."

엄마가 뒤로 벌러덩 나뒹굴었다. 아기가 새파랗게 질린 채 울었다.

"엄마!"

연화는 엄마에게 달려가 아기를 받아 안았다. 아기를 안고 얼렀지만 아기는 숨이 끊어질 듯 계속 울어 댔다.

"시끄러워. 저리 비키지 못해!"

누군가 연화를 우악살스럽게 끌어당겼다.

"싫어, 이거 놔!"

"계집애라고 봐 줬더니 안 되겠군."

"엄마한테 갈래. 엄마, 엄마!"

탕!

연화는 아기를 꼭 안고 주저앉았다.

'할아버지도 총에 맞고 돌아가실 때 이랬을까?'

먹물이라도 칠한 듯 눈앞이 캄캄하고, 바람 소리마저 고요해졌다. 그런데 참 신기하게도 아기 울음소리가 들리더니, 소름끼치는 웃음소리도 한꺼번에 들렸다. 번쩍, 눈이 떠졌다. 총에 맞았는데도 죽지 않고 살아 있다니…….

"누구든지 달려들면 이렇게 만들 테다. 으하하하!"

사사까와 쌍칼의 웃음소리가 요란했다.

"엄마, 엄마?"

엄마는 땅바닥에 엎드려 꼼짝도 하지 않았다.

"엄마?"

연화가 흔들어 깨웠는데도 엄마는 대답하지 않았다.

"엄마, 일어나요. 엄마……."

연화는 엄마 가슴팍에 엎드려 울었다.

"저리 비켜!"

경찰의 군홧발에 차인 연화는 뒤로 나자빠지고 말았다.

"이 쪽바리야, 우리 남편을 살려 내. 살려 내!"

대추나뭇집 아주머니가 쌍칼을 향해 낫을 휘둘렀다. 쌍칼이 쓰러지고, 사사까가 쏜 총에 맞은 대추나뭇집 아주머니도 쓰러졌다. 그 주변으로 시뻘건 핏물이 흥건하게 고였다.

"불 속에 던져 버려!"

경찰들이 엄마와 아주머니와 쌍칼을 질질 끌고 가 불 속에 던졌다. 연화는 이 모든 광경을 동상처럼 지켜 볼 수밖에 없었다.

"나카무라!"

"……."

사사까의 부릅뜬 눈이 그 아이를 노려보았다.

"나카무라, 네가 여긴 웬일이냐?"

"아버지, 나빠요!"

"이 녀석……."

"오늘 일은 평생 잊지 않고 제 가슴에 꼭꼭 새겨 둘 거예요."

그 애가 사사까에게 소리치며 연화에게 다가왔다.

"미안해, 연화야."

"저리 가. 더러운 쪽바리."

"미안해……."

"살인자의 아들."

연화는 주머니칼을 꺼내 불 속으로 던졌다.

"연화야……."

"나카무라, 어서 차에 타라!"

"싫어요! 저리 가요!"

"이 녀석이 정말!"

사사까가 그 아이, 아니 나카무라를 강제로 차에 태웠다.

"조센징, 똑똑히 봐라. 앞으로 만세를 부르는 자는 모두 이렇게 되는 거다. 마을을 모두 불태워 버려!"

"네!"

"시체를 절대 밖으로 가져가지 못하게 지켜라. 그리고 마을을 나가거나 들어오지 못하도록 단단히 지키고, 내 명령을 어기는 자는 모두 죽여 버려라!"

명령을 내린 아리타와 사사까가 교회를 떠났다.

"너희는 마을을 돌며 불을 질러라."

경찰과 군인들이 우르르 몰려다니며 집집마다 불을 질렀다. 남은 경찰들은 둘러앉아 가져온 술을 마셨다. 활활 타오르는 교회를 바라보며 경찰들은 고래고래 노래를 불렀다. 술에 취한 몇 명은 덩실덩실 춤까지 추었다. 마치 사람을 잡아먹는 악마들의 잔치 같았다. 배고프면 언제라도 달려와 사람을 잡아다 우적우적 씹어 먹는 악마들.

"다들 돌아가라."

술에 취한 경찰의 명령에 꼼짝도 할 수 없었던 사람들이 산을 향해 달음질을 쳤다. 재와 숯처럼 까맣게 타버린 엄마와 아버지를 두고 연화도 차마 떨어지지 않는 걸음을 옮겼다.

메아리

산 속의 밤은 이가 딱딱 부딪칠 정도로 추웠다. 연화가 배고픔에 지쳐 징징거리다 잠든 동생들에게 가마니를 덮어 주는데 감나뭇집 할머니가 다급한 목소리로 연화를 불렀다.
"연화야, 아기가 불덩이다."
포대기에 싼 아기를 만져 보니 열이 펄펄 끓었다. 가르릉 가르릉, 가래 끓는 소리가 숨소리보다 컸다.
"이러다 죽겠다. 읍내라도 데리고 나가자."
"왜놈한테 들키면요."
"이대로 죽는 것보다는 나아."
연화는 아기를 업었다.
"저 혼자 갔다 올 테니 동생들 좀 봐 주세요."

"혼자서 갈 수 있겠냐?"

"걱정 마세요."

연화는 금방이라도 숨이 넘어갈 듯 가릉거리는 아기를 안고 뛰었다. 불에 탄 마을은 바람이 불 때마다 도깨비불 같은 불씨가 번쩍였다. 교회 앞을 지나는데 술에 취한 경찰들은 아직도 고래고래 소리를 지르며 노래를 부르고 있었다.

"엄마······."

'연화야, 어서 순이네 집으로 가.'

엄마가 그렇게 말하는 것 같았다.

"엄마, 아버지······."

'어서 가, 어서.'

연화는 멈추었던 걸음을 다시 재촉했다. 어둠 속을 헤치고 쉬지 않고 달렸다. 어떻게 순이네 집까지 왔는지, 대문을 두드리는데 손발이 후들후들 떨렸다.

"순이야, 순이야!"

연화는 온몸의 힘을 모아 순이를 불렀다.

"연화?"

"아주머니, 아기가, 아기가 죽으려고······."

"어서 들어와라."

아주머니가 얼른 아기를 받아 들었다. 연화는 아주머니를 따라 방으로 들어갔다. 일장기가 걸렸던 자리에는 먹으로 그린 나무 그림이 붙어 있었다. 알 수 없는 편안함에 연화는 몸에 힘이 쭉 빠지면서 그대로 털썩 주저앉고 말았다. 아주머니는 수건에 물을 적셔 불덩이 같은 아기의 몸을 닦아 내며 연화에게 물었다.

"마을 쪽에서 큰 불길이 치솟던데, 무슨 일 있었구나?"

"아주머니……."

연화는 너무 서러워 아주머니 품에 안겨 울고, 또 울었다. 엄마가 그랬던 것처럼 아주머니는 연화 등을 토닥여 주었다.

그 사이 순이가 의사를 불러왔다. 여기저기 진찰하던 의사는 하얀 가루를 물에 개어 아기에게 먹였다.

"조금만 늦었어도 큰일날 뻔했습니다."

"이제 괜찮을까요?"

"내일 다시 올 테니, 너무 걱정 마세요."

주고받는 말소리가 꿈결처럼 들려왔다.

"엄마, 엄마, 가지 마."

'우리 연화, 행복해야 한다.'

"엄마……."

연화는 자꾸만 멀어져 가는 엄마를 부르다 눈을 떴다. 아주머니가 아기를 안고 미음을 먹이고 있었다. 그 모습을 보니 연화는 엄마 생각이 나 와락 눈물이 나왔다.

"일어났구나. 아기는 괜찮아. 열도 내리고, 미음도 잘 먹네."

연화는 무릎걸음으로 아기에게 기어갔다.

"연화야, 괜찮아? 자면서 계속 헛소리를 하던데."

걱정스런 얼굴로 순이가 물었다.

"제암리가 모두 불탔다는 게 사실이니?"

아주머니가 전해들은 사실을 연화에게 확인하려는 듯 물었다.

"엄마, 아버지가 모두 돌아가셨어요. 아저씨도……."

연화는 또 눈물이 나왔다. 연화 울음소리에 놀란 아기도 함께 울었다.

"연화야, 그게 무슨 말이니? 순이 아버지가 어떻게 됐다고?"

"돌아가셨어요. 불에 타……."

"그게 정말이니?"

연화는 눈물을 닦아 내며 고개를 끄덕였다. 아주머니는 아랫입술을 꽉 깨물고 눈물을 흘렸다. 순이도 따라 울었다.

"안 되겠다. 내가 가 봐야겠다."

아주머니가 허둥지둥 일어났다.

"지금은 들어갈 수도 나올 수도 없게 왜놈이 지키고 있어요."

"그래도 가 봐야지. 참, 동생들은?"

"산 속에 숨어 있어요. 저만 아기 때문에 몰래 빠져 나온 거예요."

"그래, 잘했다. 동생들도 데리고 와서 우리랑 같이 살자. 이제부터 내가 엄마다."

"아주머니……."

"엄마라니까."

아주머니가 연화와 순이를 끌어안았다. 아주머니는 애써 울음을 삼켰다. 연화는 아주머니 품에 오래오래 안겨 눈물을 흘렸다.

아주머니는 아기에게 미음을 더 먹이라고 하고는 나갔다. 아기는 미음을 꼴깍꼴깍 맛나게 받아먹었다. 그러고는 배가 부른지 금세 잠이 들었다.

"연화야, 너도 알고 있었지? 우리 아버지가 왜놈 끄나풀이었다는 거."

연화는 대답 대신 고개를 끄덕였다.

"아버지도 밤마다 술 마시며 괴로워하셨어. 조선 사람이 일본 사람으로 사는 게 힘들다고……."

"어쩌다 왜놈 끄나풀을……."

"쌍칼이 아버지에게 협박했어. 협조하지 않으면 가게며, 논밭이며, 모두 빼앗아 버리겠다고."

지난날의 고통이 느껴지는지 순이가 깊은 한숨을 내쉬었다.

"장이 서기 전, 아버지는 연화 너희 집을 다녀오셨어. 제암리 사람들이 또 주재소를 습격할 거라는 걸 알고는 사사까에게 일러 바쳤지. 그런데 그건 아버지가 왜놈 끄나풀인지 아닌지 확인하기 위해 제암리 사람들이 꾸민 계획이었어. 주재소를 습격하기로 한 날, 사사까는 장터에 내 걸린 시체 때문에 제암리 사람들이 한 명도 나타나지 않은 줄 알고 좋아했지만, 아버지는 정체가 들통난 걸 알고 멀리 도망가자며 짐을 꾸리셨어. 하지만 당장 떠날 수는 없었어. 그런데 장날 이른 아침에 너희 할아버지께서 오셨어."

"우리 할아버지가?"

"아버지 손에 태극기를 쥐어 주고는 아무 말씀도 않고 가셨어."

"태극기를?"

삼베에 싼 태극기를 저고리에 소중히 넣으시던 할아버지, 그 태극기를 높이 들고 대한 독립 만세를 외치던 모습이 떠올랐다.

"너희 할아버지가 우리 아버지를 용서해 주셔서 지금은 홀가분해. 내 몸에 맞는 옷을 입은 기분이야."

"그런 일이 있었구나…… 용국이는?"

"연화 네가 용국이를 어떻게 알아?"

순이가 뜨악한 표정으로 물었다.

"용국이가 내게 아저씨가 왜놈 끄나풀이라는 쪽지를 전해 줬어."

"정말이야? 용국이가 그럴 리 없어."

"쌍칼 아들인 거 아는데, 쪽지를 준 건 사실이야."

순이는 연화 말이 믿기지 않는다는 듯 고개를 살래살래 저었다.

"쌍칼도 죽었어."

"연화야……."

"순이야……."

둘은 부둥켜안고 울었다. 그 때 아주머니가 아침상을 들고 왔다. 흰쌀밥에서 김이 모락모락 났다. 연화는 배고프다며 징징거리다 가마니 위에 웅크린 채 잠든 동생들 얼굴이 떠올라 밥을 삼킬 수가 없었다.

"어서 먹어."

"……."

"연수랑 연자 때문에 그러는구나. 밥 먹고 데리러 가자."

"엄마, 나도 갈래요."

순이가 연화에게 숟가락을 쥐어 주며 말했다. 손등 위로 눈물이 뚝 떨어졌다. 연화는 울음을 삼키려고 억지로 국물을 떠 넣었다. 목구멍에 돌덩이라도 걸린 것처럼 목이 메었다.

상을 물리자마자 연화는 잠든 아기를 들쳐 업었다. 기다렸다는 듯 아주머니가 큰 보따리를 머리에 이고 마당에 서 있었다.

"사람들이 밤새 아무것도 못 먹었을 것 같아 주먹밥을 좀 만들었다."

"가져갈 수 있을까요? 경찰들이 지키고 있는데요."

"그 동안 순이 아버지를 실컷 부려먹었으니, 죽은 사람 찾아간다는데 그걸 못 봐 주겠니? 나만 믿어."

아주머니가 성큼성큼 앞서 걸었다. 연화와 순이는 종종걸음을 치며 아주머니 뒤를 쫓았다.

길모퉁이를 돌자 시커멓게 불탄 마을이 한눈에 들어왔다. 아직도 군데군데 연기가 실뱀처럼 피어올랐다. 칼을 찬 경찰과 군인들이 주변을 살피며 감시하고 있었다.

"너희는 여기 있어라."

"조심하세요."

아주머니가 마을을 향해 잰걸음을 쳤다. 아주머니는 주머니에서 무언가를 꺼내 경찰들에게 건넸다. 금세 입이 헤벌쭉해진 경찰들이 어서 갔다 오라며 아주머니의 등을 떠밀었다. 아주머니가 뒷산으로 바삐 올라갔다. 연화와 순이는 경찰들에게 들키지 않으려고 풀숲에 꼭꼭 숨어 아주머니를 기다렸다.

시간이 얼마나 지났을까? 아주머니가 연수와 연자 손을 잡고 걸어왔다. 하룻밤 사이에 눈은 퀭해지고, 얼굴에는 시커먼 재가 묻어 거지나 다름없는 꼴을 하고 있었다. 연화는 동생들을 안고 울었다.

"어서 집으로 가자. 왜놈 눈에 띄면 안 좋아."

"아저씨는요?"

"아직도 불씨가 남아서 시신을 찾을 수 없다는구나. 내가 부탁해서 따로 찾아 준다고는 했다. 어서 가자."

아주머니가 재촉하는 바람에 모두 잰걸음을 쳤다. 모두 숨소리조차 죽여 가며 장터로 들어섰다.

"내일부터 산에 있는 사람들을 몇 명씩 우리 집으로 데려오고, 먹을 음식도 가져다 주기로 했다."

"그래도 돼요?"

"내가 손을 다 써 놨어. 너희는 아무 걱정 말아라."

"고맙습니다, 아주머니."

"엄마라니까."

아주머니가 눈을 흘기며 말했다.

"아주머니, 저 잠깐만 다녀올 데가 있어요."

"그래? 그럼 위험하니까 순이랑 같이 가거라."

"그냥 혼자 갔다 올게요."

연화는 순이네 집과 반대 방향으로 뛰었다.

닭 싸움터에 도착한 연화는 그 자리에서 걸음을 멈추고 말았다. 나카무라였다. 참꽃 한 다발이 나카무라 손에서 툭 떨어졌다.

나카무라가 연화에게 다가왔다.

"미안해, 연화야."

나카무라가 연화 앞에 무릎을 꿇었다.

"……."

"잘못했어."

"사사까 아들인 줄 알았다면 널 만나지 않았을 거야."

"알아."

"왜 내게 쪽지를 준 거야?"

"나도 몰라. 그냥 그게 옳은 일인 거 같았어."

나카무라 눈에 고인 눈물이 주르륵 볼을 타고 흘러내렸다.

"거짓말쟁이."

"널 만나려면 어쩔 수 없었어."

"……."

"다 거짓말이래도 내 마음만은 진짜였어."

뜨거운 뭔가가 연화 가슴 속으로 쿵 내려앉았다.

"너희 나라가 한 짓을 절대 잊지 않을 거야."

"미안해……."

"그 따위 말, 필요 없어."

"연화야……."

"더러운 입으로 내 이름 부르지 마."

연화의 입에서는 마음과 다른 말이 튀어나왔다.

"연화야, 내가 어떻게 하면 좋겠니?"

"……."

"내가 어떻게 하면 좋을까?"

"이 다음에 어른이 되면 너희 나라가 지은 죄를 낱낱이 세상에 알려. 이건 사사까 아들 나카무라가 아니라, 나에게 쑥을 캐 주던 동무에게 부탁하는 거야."

"연화야……."

"잘 가……."

연화는 눈물이 나올 것 같아 얼른 뒤돌아 뛰었다.

"연화야, 약속 지킬게. 나 용서해 주는 거지?"

"연화야, 약속 지킬게. 나 용서해 주는 거지?"

나카무라의 서툰 조선말이 메아리처럼 들려 왔다.

■■ 책 읽는 가족 여러분에게

끝없는 이야기 속에 담긴 우리 역사

　나는 아주 어렸을 적부터 어른들에게 일본 사람들에 대한 이야기를 많이 듣고 자랐습니다. 일본이 우리 나라를 빼앗고 우리 민족을 억압했던 일제 강점기의 이야기는 아무리 들어도 끝이 나지 않았습니다. 실은 우리 어머니, 아버지 세대가 초등 학교와 중학교를 다녔던 시절의 일이지만, 마치 내가 일제 강점기에 살았던 것처럼 그 시절의 이야기를 아직도 생생하게 기억하고 있지요.
　나는 다른 사람들도 당연히 일제 강점기에 대한 간접적인 체험을 충분히 지니고 있으리라 생각했습니다. 그런데 나중에 알고 보니 각자 갖고 있는 체험의 폭과 깊이에 많은 차이가 있었습니다. 물론 학교에서 하는 역사 공부를 통해 지식을 쌓기도 하지만, 그보다는 앞 세대 어른들의 생생한 육성으로 얼마나 많은 이야기를 들었느냐에 따라 역사에 대한 인식의 차이가 날 수밖에 없었던 것이지요.
　왜 우리 어머니, 아버지는 나에게 일제 강점기의 이야기를 그토록 많이 해 주었을까요? 그 까닭을 내가 다 커서야 알았는데, 우리 고향이 바로 이 책 『제암리를 아십니까』의 제암리가 속해 있는 경기도 화성시 향남면이었기 때문이었지요. 차마 떠올리기조차 힘겨울 정도로 일본인들이 잔인한 학살을 저지른 제암리 교회에서 불과 몇 킬로미터밖에 떨어지지 않은 곳에 우리 집과

외갓집이 있었던 것입니다.

　초등 학교 4학년 때 나는 처음으로 제암리 교회에 가 보았습니다. 봄 소풍 때였지요. 진달래와 개나리가 피어난 눈부신 날에 부푼 마음으로 4킬로미터 남짓한 길을 걸어서 도착한 제암리에서 나는 엄청난 이야기를 들었습니다. 독립 만세를 불렀다는 이유만으로 교회당에 사람들을 몰아넣고 빠져나오지 못하게 못을 친 다음 불을 질렀다는 이야기는 온몸에 소름이 돋게 하고 우리의 어린 혼을 빼 놓기에 충분했습니다. 그러한 비극이 일어났던 바로 그 자리에서 그 때의 상황을 떠올리는 것은 차마 내가 상상하기 버거운 너무나도 끔찍한 일이었습니다.

　우리 작가들이 쓴 창작동화를 펴내는 출판사를 시작하면서 내가 처음 한 일 중 하나는 일제 강점기에 일본인들이 저지른 만행을 담은 동화를 펴내는 일이었습니다. 그 책이 바로 『마사코의 질문』(푸른책들, 1999)인데, 그 때 작가인 손연자 선생님과 작품에 꼭 반영해야 할 사건이나 이야기를 논의하면서 나는 제암리 학살 사건만은 빼 두었습니다. 내가 직접 겪은 것처럼 처참한 그 장면을 동화로 그린다는 것이 도무지 엄두가 나지 않는 일이었기 때문입니다.

　그런데 몇 년이 지난 뒤, 새로운 작가 장경선 선생님이 내가 덜어 두었던 그 이야기를 장편동화에 담아서 가지고 왔습니다. 나는 처음 제암리에 갔을 때 듣고 보았던 것처럼, 그리고 그 동네 근처에서 자라나면서 직접 겪었던 일처럼 온몸으로 전율하며 그 이야기를 읽었습니다. 그러면서 왜 역사는 단순한 지식이 아니라 우리 어머니, 아버지가 내게 해 주었던 이야기처럼 생생한 이야기로서 다음 세대에 전달해 주어야 하는가, 다시금 깨닫게 되었지요.

최근 역사를 왜곡한 일본인 작가의 소설 『요코 이야기』라는 책이 미국에서 학교 교재로 쓰여 파문이 일고 있습니다. 그런데 '한국인들이 일본인들을 강간하고 살해하는 것으로 나오는' 그 책이 심한 역사 왜곡을 하고 있다는 사실을 처음 발견한 사람은 중학교 1학년생인 허보은 양이었습니다. 더욱이 그 책은 우리 나라에도 번역되어 버젓이 팔리고 있었는데도 아무도 문제 삼지 않은 책이었지요. 허보은 양은 그 책의 잘못된 점을 지적하고 수업을 거부한 채 교실 밖 땡볕에 앉아 1인 시위를 한 끝에 학교 측으로부터 그 책을 교재에서 빼겠다는 결론을 이끌어냈다고 합니다.

코끝이 찡해지는 허 양의 용기 있는 실천에 대해 나는 마음 속으로 많은 박수를 보냈지요. 그런데 뉴스에 나온 허 양의 어머니 이야기를 들어 보니, 먼 이국 땅에 사는 허 양은 얼마 전 우리 나라에 와서 박물관을 돌아보며 우리 역사를 보고 듣는 체험을 했다고 합니다. 그래요. 역사는 단순한 지식으로서가 아니라 산체험으로 받아들여야만 진정한 의미를 갖게 되는 것입니다. 『제암리를 아십니까』를 생생한 이야기로 읽는 동안 여러분도 그와 같은 체험을 했으리라 믿습니다.

이제 우리 곁엔 일제 강점기의 역사를 생생한 목소리로 전해 주는 어른들이 거의 없습니다. 그 대신 책에 담긴 끝없는 이야기를 통해 지난 역사를 들려 주는 작가들이 있지요. 그들의 이야기에 귀 기울이며 아무리 비참한 역사라 할지라도 담담히 받아들이시기 바랍니다. 그리고 우리가 익히 알고 있는 유관순 열사의 우렁찬 독립 만세 소리 말고도, 이름 없는 풀뿌리 같은 백성들이 함께 외친 만세 소리도 잘 들어 보시기 바랍니다. 그 속엔 여러분의 할머니, 할아버지 그리고 어머니, 아버지의 목소리가 들어 있으며, 여러분의 목소리도 보태어질 수 있으니까요.

— 신 형 건 (시인, 비평가)

온 가족이 함께 읽어 보세요!

아이들과 어른들이 함께 읽어야 할 책

책 읽는 가족 ⑳

내 어머니 사는 나라

이금이 장편동화 | 이선주 그림

초등 학생인 수빈이는 실향민인 할아버지와 함께 금강산 여행길에 오른다. 수빈이는 가슴 먹먹해하며 눈물 흘리는 할아버지를 이해하지 못하지만, 실향민들을 만나며 할머니 할아버지들의 아픔을 자신의 아픔으로 여기게 된다. 이 책은 전쟁을 체험하지 못한 우리 어린이들에게 분단의 아픔과 통일의 절실함을 가슴 깊이 느끼게 해 주고, 간절한 마음으로 통일을 기다리게 한다.

● 우리가 분단이라는 그 숙제를 온전하고 개운하게 풀어내려면 우리 아이들이 모두 또 다른 수빈이가 되어야 하지 않을까? 그래서 그들의 상처를 우리 모두의 아픔으로 느낄 수 있어야 하지 않을까? 이 땅의 5학년 이상 아이들에게 권한다. -〈동아일보〉서평 중에서

● 금강산 여행을 통해 분단과 이산의 아픔에 한 발짝 다가간 초등 학생 수빈이의 이야기. 실향민과의 만남은 수빈에게 그저 '아버지의 아버지'로만 존재했던 할아버지의 한과 슬픔에 다가가는 계기를 만들어 준다. -〈국민일보〉서평 중에서

✽소년조선일보 추천도서 ✽서울독서교육연구회 추천도서
✽한우리독서문화운동본부 필독도서 ✽중앙독서교육 선정도서
✽책읽는교육사회실천협의회 추천도서 ✽부산광역시교육청 독서인증제 권장도서
✽어린이전문서점연합회 추천도서